期权新世界

Option Trading New World

解读期权动态调整
与策略实战

Jack　陈竑廷◎著

电子工业出版社·
Publishing House of Electronics Industry
北京·BEIJING

内 容 简 介

这是一本讲解灵活应用期权的实战书，建立在作者多年的投资实战的基础上，从独特的角度解析期权，并一步步带领读者在市场变化中进场布局、动态调整、收尾出场。全书分为四大部分：期权基础知识与重要概念、看方向的期权操作、不看方向的期权操作、期权实战工具的使用。本书包含很大比例的技术分析内容，搭配国内市场案例，深入挖掘每个策略在不同环境下如何应变求生，在广度与深度兼具的说明中，帮助读者建立完整的期权操作逻辑。

本书不仅适合期权新手，也适合有多年实战经验的交易者，能进一步帮助投资者提升对期权操作的理解。

图书在版编目（CIP）数据

期权新世界：解读期权动态调整与策略实战 / Jack，陈竑廷著. —北京：电子工业出版社，2020.7
ISBN 978-7-121-38927-6

Ⅰ. ①期…　Ⅱ. ①J…　②陈…　Ⅲ. ①期权交易－研究　Ⅳ. ①F830.91

中国版本图书馆 CIP 数据核字（2020）第 052712 号

责任编辑：黄爱萍
印　　刷：北京捷迅佳彩印刷有限公司
装　　订：北京捷迅佳彩印刷有限公司
出版发行：电子工业出版社
　　　　　北京市海淀区万寿路 173 信箱　　　邮编：100036
开　　本：720×1000　　1/16　　印张：14.75　　字数：190 千字
版　　次：2020 年 7 月第 1 版
印　　次：2024 年 10 月第 5 次印刷
定　　价：99.00 元

凡所购买电子工业出版社图书有缺损问题，请向购买书店调换。若书店售缺，请与本社发行部联系，联系及邮购电话：（010）88254888，88258888。
质量投诉请发邮件至 zlts@phei.com.cn，盗版侵权举报请发邮件至 dbqq@phei.com.cn。
本书咨询联系方式：（010）51260888-819，faq@phei.com.cn。

悟已往之不谏，知来者之可追。实迷途其未远，觉今是而昨非。

陶渊明《归去来兮辞》

序 一

一直有个念头：想写一本书，一本关于期权实盘操作的书。书的内容条理分明、逻辑清晰，能帮助到对期权操作有兴趣的投资者。它可以作为期权交易新手的启蒙书，但内容绝不基础，而足以让大家体会到期权操作的精髓。

都说期权商品"易懂难精"，但这指的并不是期权策略及理论部分。所谓"易懂"，是指只要你认真研究、勤加思索，最终就能够将期权风险与报酬的不对称性、多样化的策略、庞大的风控体系研究透彻，也就是所谓的"勤能补拙"。而期权作为一个具有划时代意义的金融衍生商品，投资者要想在其操作上有所斩获，却不是只学会理论就能成功的。期权操作的难在于其具有"动态的变化"，行情的波动、市场的预期、策略的选择，无一不是决定期权操作成功与否的关键，且彼此相互影响着，如何将"易懂"的理论部分结合到实盘的操作上（进场、调整、完结）是考验投资者的难关。

很多投资者将市场行情、操作策略讲得头头是道，但在面对利害关系的时候却无比脆弱，传统金融操作本就如此，结合期权就更加明显。正因如此，我从事金融培训十余年，其间每当被问到是否有计划出版与期权相关的书时，因为秉持着"静态的文字无法彰显期权操作的精要"这个原则，所以一直没有动笔。但多年来隐隐约约觉得，如果都不愿意用文字对期权进行描述，又怎能抛砖引玉，让大家领悟期权操作之美呢？适逢国内A股进入期权时代，于是趁此良机，一鼓作气写出这本《期权新世界——解读期权动态调整与策略实战》，期许通过本书，让大家窥见期权操作的精华，一探期权动态调整的世界。

本书把如何追求绝对报酬的过程尽可能地用文字阐述出来。在带方向的期权操作上，期权是一种工具，在看对方向的基础上，可以扩大获利幅度，降低损失程度。如何看对方向、如何布局策略、如何进行动态调整及收割，是我想分享的核心内容。面对千变万化的市场走势及人性本质中的弱点，多年的培训经验告诉我，将操作过程"步骤化"是克服心慌意乱的好方法，哪怕你是刚入门的新手，在"Step by Step"的带领下，也可以实现将操作步骤"大道至简"的效果。

这是一本以"广度"为主，兼顾"深度"的期权书。我们希望能带给大家期权操作的新视野，因此以"广度"为主。这样不仅能让读者学到更丰富的期权知识，也能让真正想进场做实盘操作的读者有更多操作方面的选择，不至于受到我个人经验的限制，也不负书名中"新世界"的意义。

书中对于买方策略高获利性的达成条件和完整的交易流程有较多着墨，其中，买方策略高获利性的达成条件缺一不可，对于如何成功地结合技术分析来挖掘可能的获利契机，书中有一套完整而有效的操作方法，供大家参考。

另外，针对大资金投资者及机构投资者喜爱的卖方策略，书中也总结了很多实盘经验，且将风险的来源做了厘清。强调卖方策略追求的不是高收益率，而是"胜算"。只要洞悉了风险，就能规避它，不至于将自己陷于不利之地而不自知。其中"动态调整"是卖方策略的核心，书中提供了三张"药方"给卖方策略使用者，这是从千锤百炼的实盘操作中得出的结论，相信对读者有关键性的参考作用。

本书就是想让大家领略期权操作的奥义，不漫无章法地讨论行情走势，不纸上谈兵地研究理论策略，更没有深奥的策略模型及 3D 图表，而是返璞归真，一切从期权基础知识出发，集大成于实盘操作。而且本书内容深入浅出、极具实用性，相信不管你是哪种策略的操作者，都可以在书中找到符合自己需求的内容。

Jack

2020 年 6 月

序 二

本书在 2019 年年底写完，没想到在 2020 年年初出现了新型冠状病毒的疫情，且全球疫情的暴发，引发了原油暴跌、美股崩盘，也让我对投资市场和期权有了更多体会和感悟，正所谓"危机也是转机"，在如此高波动的投资市场中，若投资者懂得利用期权这个投资工具，将占有很大的投资优势。

目前，因为很多投资者对期权比较陌生，所以在探索它时，走了很多弯路，或者出现了一些偏差，误以为只要使用某种策略，就能轻松盈利，最终发现结果不如预期。

2019 年，我和 Jack 举办了期权培训班，大部分学员都是从零基础接触期权的。有学员利用双卖期权获得了年化收益率为 15%、最大回撤不到 2% 的收益；也有学员利用买跨策略，不猜方向也赚到了钱；还有学员利用卖认沽期权降低了手中持股成本……这都是传统做期货或股票的投资者无法做到的，也只有亲身经历后，才会对期权有信仰。

期权策略很有趣，不同的策略在不同的情境中有效，核心基础策略有四种，即买入看涨期权、卖出看涨期权、买入看跌期权、卖出看跌期权，再搭配对方向、时间、波动率的判断，就能有更灵活的应用。

我认为隐含波动率非常重要，因此，本书对波动率的讲解花了很大篇幅，让你能在实战中举一反三，但不会带你直接实现波动率套利等高级操作，这只有少数专业的私募机构能做到，因为它不仅需要相关知识，还需要设备支持。

我和 Jack 相信，相比期权理论研究，读者更需要的是从期权实战操作中提炼出来的经验和技巧，因此本书加入了技术分析内容。而对于技术分析这个领域，可能有人不认同它，如果真要探讨，那么这是人类长久以来的一个哲学难题，即究竟是归纳法还是演绎法能真正带我们掌握真理。在我自己的价值观里，技术分析属于归纳法的经验主义，即不知道技术分析为啥有用，但在实践中就是有用。但并不是要我们绝对相信技术分析，而是在众多选择中，它是能给你一定可靠性的武器。

追求稳定获利就如同追求真理，引用苏格拉底的一句话：“我唯一知道的事，就是我什么都不知道”。追求真理的道路是曲折而漫长的，但我们依然努力着，即使看不到终点，追寻的过程也能让我们提升，而追求稳定获利也是如此。

陈竑廷

2020 年 6 月

目 录

第一章

正确认识期权

你为什么需要期权

如果有个权利让你可以当1天美国总统，你愿意花多少钱？

如果有个权利让你10年后可以获得幸福，你愿意花多少钱？

期权是什么

期权，英文名称是 Option，是一个看似既高端、神秘，又迷人的金融产品，教科书上的定义说它是金融衍生品，但这对于一般非金融专业的人来说完全无法理解。你可以将期权简单理解为一款游戏，在游戏中，有人赚钱，有人亏钱，从表面上看类似于零和游戏，但实际上，有人借此规避风险，有人借此优化产品，有人借此获得快乐，有人借此排解寂寞，所以，从广义上来看期权是一款正和游戏。

看完上面这些，你可能会想"好像有道理，但跟平常接收到的期权信息好像不太一样"。没错，既然你会买这本书，就肯定不是闲着无聊买来看的，毕竟"期权"听起来很烧脑，你应该多少已经接受了不少坊间对于期权的描述，勾起了内心隐藏已久的"小宇宙"。

下面请看图 1-1 ~ 图 1-4，图内商品分别为国内豆粕期权、50ETF 期权、美国个股期权和指数期权的涨幅，截图里的涨幅就是期权买方可能获得的单笔收益率，从图上可以看到，最高有 1649 倍。1649 倍？是的，你没看错，这是真实案例，1649 倍就是你投入 1 万元，当天就变成 1649 万元，不对，准确地说，应该是你投入 1 万元，一个小时后就变成 1649 万元了。

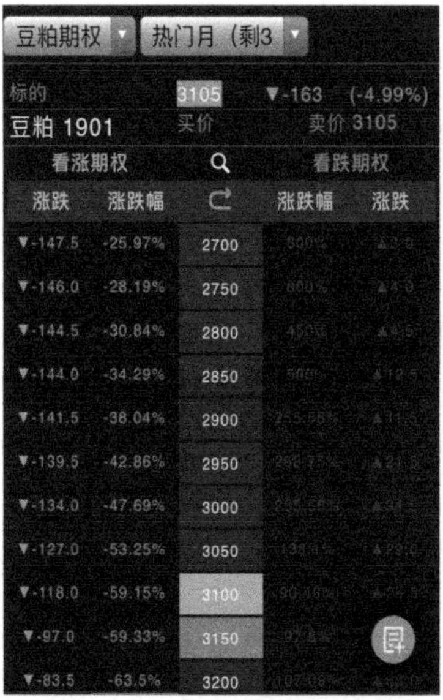

图 1-1　豆粕期权涨幅 2 倍

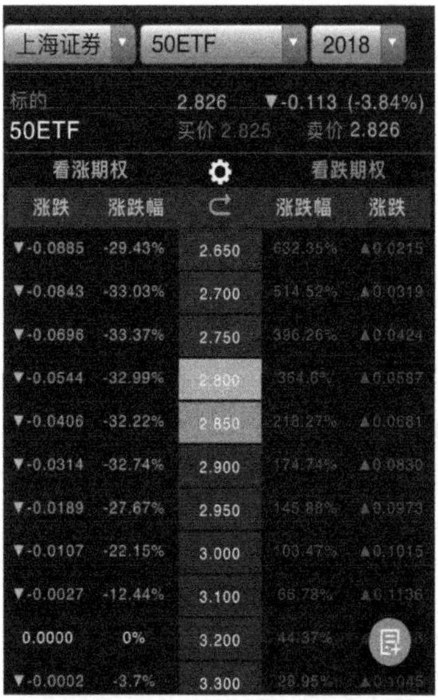

图 1-2　50ETF 期权涨幅 6 倍

这或许才是你平常了解到的期权，也是你做期权投资的目标吧？不，你摇着头说：我没那么肤浅，我是因为对于知识的好奇，才想来更深入地了解期权的。

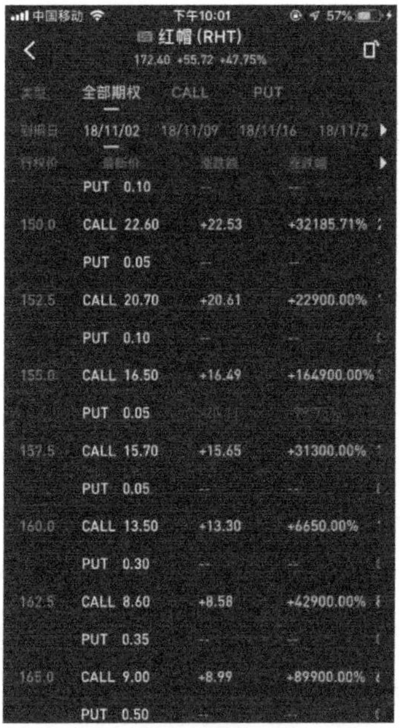

图 1-3　美国个股期权涨幅 1649 倍 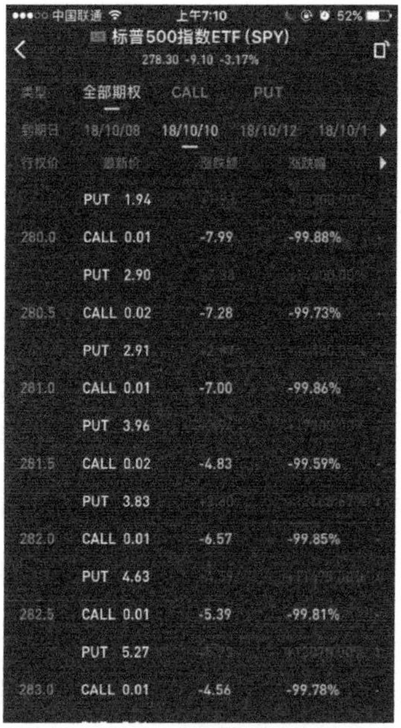　　　图 1-4　指数期权涨幅 200 倍

　　很好，我们都是同道中人，我们没有表面看起来那么肤浅，对于知识的好奇，激励我们不断探索未知。上面那些暴利的截图都只是在讲期权买方，而期权身为一个商品，交易所谓的"权利"的商品，有买方就有卖方，那卖方明知有可能会亏损那么多，为什么还愿意卖出期权呢？

　　大家都熟悉保险公司吧？保险公司就类似于期权卖方，虽然你买保险不是为了赚钱，但你买保险就相当于买了期权，当特殊事件发生时，保险公司需要担负巨额赔款，可保险公司因担心发生特殊事件就不经营了吗？没有！它们可是年年稳定获利啊，只要概率算得好，风险控制得好，卖期权也拥有这样的好处！

　　做期权买方可以获得暴利，做卖方可以有高胜率，还可以将两者混合搭配，并结合多种策略，以带给投资者更多应用的空间，帮助投资者降低持股成本、优化风险控制，所以很多专业机构都会在自己的资产里配置上期权。

巴菲特也做期权

众所皆知，巴菲特非常喜欢可口可乐，而且一直持有其股票，可口可乐作为巴菲特的第一大重仓股，在 1993 年已经给巴菲特带来了 10 倍的投资收益。随着巴菲特管理资金的增加，巴菲特想对可口可乐加仓，但可口可乐当前的股价已经过高，该怎么办呢？

巴菲特长期看好可口可乐股票，但担心回调所带来的资产回撤，同时也想在股份的低点加仓，还希望能在股价震荡时增加一些持仓收益。能同时满足这么多需求的只有期权了。

1993 年 4 月，可口可乐股价在 40 美元附近徘徊，而巴菲特以每份 1.5 美元卖出了 500 万份当年 12 月到期、行权价为 35 美元的认沽期权。

在 1993 年和 1994 年这两年时间内，可口可乐的股价大多数时间在 40～45 美元附近震荡，最低也没有跌破 35 美元。巴菲特通过卖出期权获得了 750 万美元的收入。

由此可以看到，期权还可以用来做股票的搭配，以实现增强收益。对于只想追求几十倍获利的人，可以多学习纳西姆·尼古拉斯·塔勒布（《黑天鹅》《反脆弱》等书的作者）的思想，或许有一天，国内也能出现这么厉害的期权交易者！

───── 股市危险，期货难控？期权有方法 ─────

读者们既然买了这本书，肯定是对投资有兴趣的，希望靠金融市场的回报获得额外报酬。但在金融领域里有非常多的投资工具，为何要选期权呢？下面对众多投资工具进行分析。

定存/国债

把钱存到银行，或者购买债券，这样的投资肯定安全，但越安全就表示投资者能获得的回报越少，这种投资的年化收益率通常只在 1%~4%。这对于积极进取、甘冒风险的你我来说，肯定是不满意的，于是我们把目光投向了虽然有风险，但报酬比较高的其他市场。

股票

股票市场是社会大众最熟悉的金融市场，一般人就算没买过股票，一定也听说过股票，股票基本已经融入现代人的生活。

投资者在券商处开户，通过软件买了某公司的股票，理论上是花钱买了这家公司的一部分权益，是对公司的投资，只要该公司有分红，你就能跟着分一杯羹，但如果该公司不赚钱，甚至倒闭，你的股票就会一文不值。

股票投资者很少是为了赚取股利分红而买股票的，因为这样赚得太慢了。如果今天买的股票是 10 元/股，明天变成 12 元/股，再卖掉就会每股盈利 2 元，这样赚钱才快，而且更加刺激有趣。于是大量的人想抓到牛股，最好是有连续涨停板的股票，期待股市能一直涨，并祈祷在其下跌时能躲开，但他们忘记了股市不是零和市场，你越想靠股票暴富，就越容易被别人利用，也越容易迷失在疯狂的市场里。

股票危险吗？毕竟一家公司能挂牌上市，在股票市场公开给人买卖，是要经过监管单位严格评比，有一定保障的，股市有涨、有跌，即使手中股票亏钱了也放着吧，把其当作长期投资，未来总会涨回来。有这样心态的投资者，真是非常乐观的，人生嘛，开心就好。

股票是一个不错的投资工具，但建议一般个人投资者买大盘指数就好，例如上证 50ETF、沪深 300ETF、中证 500ETF 等，只要中国经济长期向上，这些大盘指数肯定也会跟着向上，平均年化收益率约为7%～8%，且不用担心"踩雷"。但对于积极进取、不满足于这个收益率的你我，还可以把目光移向期货、期权。

期货

期货是金融衍生品，英文是 Futures，即买卖双方约定好一个商品、一个价格、一个时间，在到期结算时，根据此约定，买方出钱，卖方交货。但对于搞投机的投资者，一般都不会持有到期结算，而是想办法在过程中转手合约，以赚取差价来获利。

期货采取的是保证金交易，举例来说，你可以出 1 万元作为保证金，就可以获得某价值 10 万元的期货商品，因为增加了杠杆。当商品价格上涨 10%，变为 11 万元时，你就赚到 1 万元，相比于商品上涨的 10%，你用本金 1 万元赚到 1 万元，获利为 100%，这就是期货的杠杆特性，可以使获利或亏损的速度加快。相对于一般的股票投资，期货最大的优势有以下两个。

（1）可以做空

股票投资者对于做空可能不熟悉，简单来说，做空就是通过商品价格下跌来获利，假设你做空 50ETF 股票的价格为 3 元/股，那么当 50ETF 价格跌到 2 元/股时，你就每股盈利 1 元。

目前国内与股票相关的期货只有沪深 300 股指期货、上证 50 股指期货和中证 500 股指期货，未来可能会增加，有了这些期货商品，你就可以在股市行情下跌中获利，或者至少用期货来避险保值。

（2）能分散投资

对于分散投资这一点，可能你会说：我平常就会根据不同的股票板块，分别买十几只股票，遵守"鸡蛋不放在同一个篮子里"的现代投资原则！

很好，不过请你想一想，鸡蛋的确是放在不同的篮子里了，但篮子都在同一辆车里啊，一旦遭遇"车祸"，正所谓"覆车之下无完卵"……

现在全球股市联动度很高，不管哪个国家，只要发生不利好事件，全球股市就可能都会一起跌，因此在熊市中，不管是好股票还是坏股票，都会下跌，真正能分散投资风险的是投资商品。

商品是什么？其实就是玉米、豆粕、铜、棉花、原油等，这些概念对于股票投资者来说可能很陌生，但做期货的人就很熟悉它们了，通过做多、做空这些商品，能真正实现分散风险、增加获利机会的目的。

但是由于期货交易增加了杠杆，放大了获利和亏损的幅度，因此也同时放大了人性。金融交易有很大一部分取决于人性，很多时候回头反省，你会发现自己一再犯同样的错误，就算学了再好的投资技巧，只要人性这关没过，你就容易犯错。

我们看一下图1-5，或许你在图左方一开始时，认为这个"东西"未来会上涨，图的最右方与最左方相比也的确是上涨了，但你赚到钱了吗？一个向上趋势，中间也会经历大大小小的各种波折，每天看着自己的钱一会儿盈利，一会儿亏损，这种心理考验是多么痛苦，如果很不幸，你用的杠杆太大，风险过大，那么在中间经历大幅下跌时，你肯定就拿不住了，最后只能哀叹，为什么明明看对了方向，却还是亏钱……

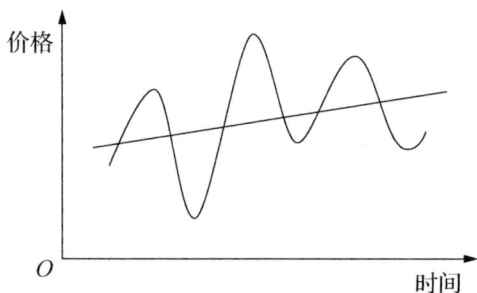

图 1-5　上涨趋势中的价格波动

期权

现在就要介绍本书的主角——期权了，它在中国市场中是比较新的投资工具，可以用来做多，也可以用来做空，交易采取 T+0 制度，随时可以开仓、平仓，期权市场是一个公平的市场。

相比前面所介绍的股票和期货，期权最大的特点就在于风险与收益不对称。期权使用的资金量通常不大，因此可以放大你的盈利，但还能让风险不同时放大，这就是它的魅力。

听到这里，你可能多少会有些好奇和兴奋，期权这么好吗？会不会是诈骗？你能有这样的理性批判思考是很好的，本书也不会一直夸大期权的好处，实际真相就要等待你读完后自己思考了。

这里介绍几个利用期权带来的好处，在实际运用中会有更多好处，留待后续慢慢讲解。

（1）即使行情震荡也可以轻松获利。做交易的投资者都清楚，震荡行情不好做，尤其是专门做趋势交易的投资者更会深有体会，反复的震荡行情会磨损投资者的资金，如果想靠震荡行情来回赚取利润，就需要紧盯市场，不断做进场与出场的判断，既伤神又伤身。

而期权的卖方能利用时间获利，因此震荡行情对卖方天然有利，卖方可以在风险可控的情况下，不做什么操作就获利。在后面的章节中会进行详细说明，让你一步步掌握这方面的技巧。

（2）逆势进场不心慌。有些人做交易喜欢抄底摸顶，这属于逆势行为，通常是不推荐这样做的（在后面的章节中会讲述跟随行情，而不预测行情）。但在某些情况下，投资者为了追求利润，难免在某些事上有自己强烈的判断，在行情还没有明确转换时，就想提前进场。此时如果之前的趋势延续，就会造成很大的心理压力，最终使得投资者大概率巨亏出场，或是虽看对方向却没盈利。

而期权的优势则在此时体现出来，因为买期权的损失是有限的，花 5000 元买期权，最多就亏 5000 元，无论行情发展如何不利，最大风险也在投资者进场时就已经被控制住了，这种心理优势，能帮助投资者更好地达到最终获利目标。

（3）对冲避险成本低。这个优势对于一般散户投资者可能没有吸引力，他们可能想说：为何要避险？没想法就不要买，买了就是看准某个方向了，那就拼了啊！但专业投资者或者机构团队都能深刻体会到金融市场的不确定性，即使再怎么对自己的判断有信心，适时进行买期权或卖期权的操作来做对冲，也都可以减少看错的损失。期权相比期货等其他工具，对冲避险的成本比较低，而且还能保有获利空间，因此在国外深受机构投资者的喜爱。

期权的交易基础

期权交易的是"权利"，这个权利的价值由市场买卖双方决定，当大家觉得这个权利很有价值时，它的价格就会上升，如果觉得这个权利没有价值，那么它的价格就会下降，所以无论本书后面讲了什么高深的知识，都不要忘了，期权的价格一样是由供需所决定的。

权利需要有对照物，要明白你交易的是什么权利。由于我们是在公开市场交易，因此需要把这个权利归属做明确的定义。以 50ETF 期权为例，它是上海证券交易所推出的以 510050 这个 ETF 为对照物的期权，这个期权的权利目标就是 50ETF。

期权分为两种权利，以某价格买进 50ETF 的权利叫作认购期权（也可以叫作看涨期权），以某价格卖出 50ETF 的权利叫作认沽期权（也可以叫作看跌期权），国内期货交易所和股票交易所给它们取了不同的名字。

这些权利的价格以权利金表示，买方需要付出权利金买下权利，卖方则收取权利金承担履行的义务，为了怕卖方到时翻脸不认账，卖方还需要缴纳保证金，跟期货一样，这个保证金只是被暂时扣押，平仓后就归还了。

有了认购期权和认沽期权，就可以进行买、卖的操作，所以共有 2×2=4 种基本交易期权的套路，如图 1-6 所示（认购期权的英文是 Call，认沽期权的英文是 Put）。

买认购期权（Buy Call） **＋　＋**	买认沽期权（Buy Put） **＋　－**
卖认购期权（Sell Call） **－　＋**	卖认沽期权（Sell Put） **－　－**

图 1-6　期权的 4 个基础交易

如果你买了认购期权，这个期权就是做多方向，希望标的物价格上涨，例如买 50ETF 6 月的认购期权，则希望 50ETF 价格上涨，这很好理解。等等，好像发现了什么奇特之处，"50ETF 6 月"为什么有个月份？没错，期权是会到期的，因此有不同月份的期权，这对于一般股民来说比较陌生，因为股票不会到期，但期权会，期货也会。

每个商品的期权到期日不一样。以 50ETF 为例，它有当月、下月和后面两个季月的合约，当月期权合约在当月第 4 个星期三结算，然后下月就接替为当月。在软件上选择商品时可以看到能交易的月份，如图 1-7 所示，其中的热门月为交易量最大的月份，通常就是当月，商品期货期权比较特别，一般 1 月、5 月、9 月轮流为热门月。

让我们再回到前面 4 个基本交易套路。如果买认沽期权，那么在方向上就是做空，希望标的物价格下跌，例如买 50ETF 6 月的认沽期权，就是希望 50ETF 价格下跌。

假设想买期权，但对于要买哪个行权价会很困惑。从图 1-7 中可以看到很多行权价（从 2.2 元到 2.8 元）合约，假设你买了 50ETF 6 月的 3.0 认购期权，那就是买了一个能在 6 月第 4 个星期三以 3.0 元/股买 50ETF 的权利。

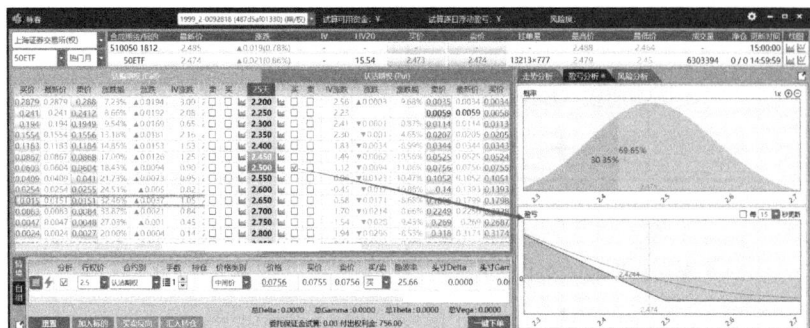

图 1-7　咏春软件上买期权的盈亏分析

以盈亏图来分析买期权的损益，想象一下，在一个美好的早上，你拿起刚泡好的咖啡，闻了一下，享受那神秘的香味，顺手打开计算机，瞥了一眼屏幕上的股票软件行情，大盘正在下跌，马上要突破阻力位，于是你赶紧打开咏春软件，准备用期权来做空 50ETF。但在下单前，你想了解一下这笔交易的盈亏特性，于是你选择买 2.5 认沽期权，如图 1-7 所示的右边的到期盈亏分析图也立刻显示出来，那这要怎么理解呢？

购买 2.5 认沽期权，理论上只要 50ETF 到期时的价格在 2.5 元以下你就盈利，下跌得越多盈利越多，但实际上还要考虑你付出的权利金，这是成本，如果你没有转卖这份权利，那么权利金就无法回收。

根据图 1-7 里的行情，投资者需要花费 756 元（0.0756 元/份 × 10 000 份）的权利金购买这份期权，所以在期权到期时 50ETF 的价格应该下跌到 2.4244 元（2.5 元 - 0.0756 元）以下，投资者才会盈利，下跌越多盈利越多，而最大亏损为全部权利金 756 元。你买认沽期权是希望 50ETF 行情下跌，如果它却一直上涨，那么无论它涨到多少，你的最大亏损都只是全部权利金。期权获利无限，亏损有限！

刚开始接触期权的新手通常会以为买了期权就要一直持有，这是笔者在外面教学时最常遇到的学员的困惑。期权都是要持有到期再结算盈亏吗？不是的，期权随时可以平仓，你买的期权随时可以卖掉。非常多的人在读了一般的期权教科书后，还是不理解期权实际交易的情况，因为教科书里教的盈亏分析都是到期盈亏，这样讲解的确会比较方便初学者理解买卖期权的特性，但容易跟实际交易情况脱节，因为我们大部分时候都是在期权未到期前平仓的。

那么期权买方在期权还没到期时，如何看盈亏呢？很简单，权利金代表的就是期权的价值，权利金上涨就代表你的权利变贵，你就盈利，权利金下跌你就亏损。例如，你买 2.5 认沽期权，花了 756 元权利金，隔了 10 分钟，权利金就上涨到 856 元，此时你平仓出场，就直接获利 100 元。

那么卖期权怎么盈利呢？

做卖方对于新手来说比较难以理解，但任何市场都有买就有卖，期权卖方就是期权买方的对手，卖方赚的是买方亏损的钱，反之亦然。所以卖认购期权就是认为期权价格不会上涨，属于看空，卖认沽期权则认为期权价格不会下跌，属于看多。

举例来说比较清楚，有人认为 A 股会跌，你却不这么看，你决定卖 2.5 认沽期权，交了 4000 元左右的保证金，收到 756 元权利金，理论上只要 50ETF 到期时的价格在 2.5 元以上你就盈利，但最多就盈利 756 元，如果很不幸，50ETF 价格跌破 2.5 元，则下跌越多你就亏损越多，盈亏平衡点是 2.4244 元，如图 1-8 所示。

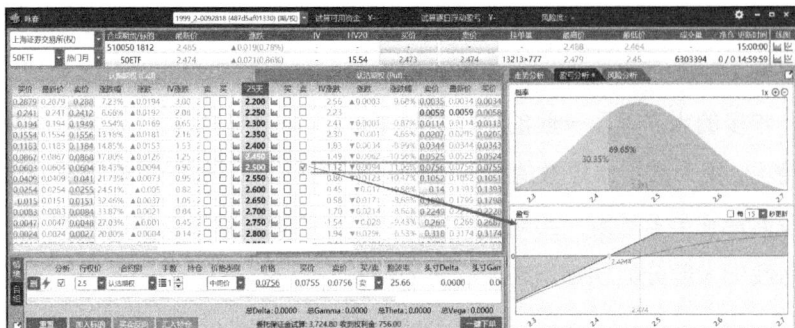

图 1-8　咏春软件上卖期权的盈亏分析

　　注意！卖方是要付保证金的，这是因为怕行情不利时卖方要赖，所以卖方需要缴纳保证金，而且如果行情一直朝着对卖方不利的方向前进，卖方就会承担无限亏损风险，也会被要求追加保证金。

　　虽然卖方通常持有期权的时间比较长，但也可以中途平仓出场。举例来说，你卖 2.5 认沽期权，收到 756 元权利金，隔了 10 分钟，你才刚喝完奶茶，权利金就下跌到 500 元，此时你平仓出场，就直接获利 256 元。聪明的你应该可以看出买方与卖方的差异了，买方靠权利金上涨盈利（无论你买的是认购期权还是认沽期权，都会盈利），卖方靠权利金下跌盈利（无论你卖的是认购期权还是认沽期权，都会盈利）。

　　我们再来梳理一下买方与卖方的交易流程（如图 1-9 所示），买方支付权利金获取某个商品行权价的权利，卖方收取权利金，承担被执行某个商品行权价的义务，为了确保卖方能乖乖地履行义务，还需要其缴纳保证金做担保（别怕，平仓后会还给你的），可以简单想象一下，期权买方就是买保险的，期权卖方就是保险公司。

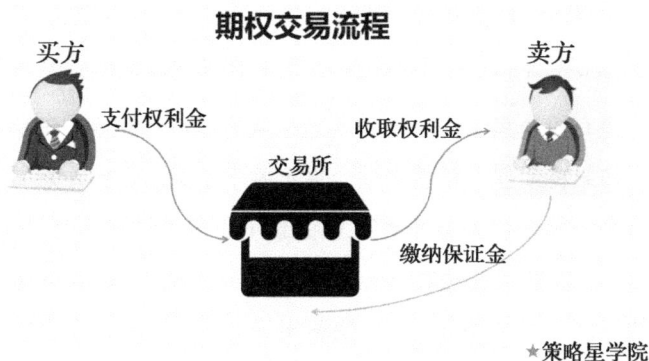

图 1-9　期权交易流程

　　下面再来看一下实际案例，这样能更方便深刻理解。图 1-10 所示是 50ETF 在 2018 年 8 月的 2.5 认购期权 60 分钟 K 线图，这个图非常清楚地展现了期权买卖双方的特性。

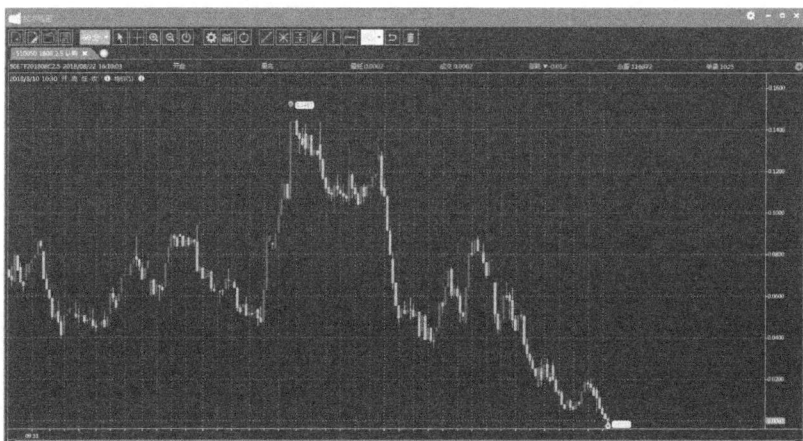

图 1-10　50ETF 2018 年的 2.5 认购期权价格走势

　　首先我们来看这个 K 线图所代表的 2.5 认购期权的权利金价格走势，它最终走到什么位置？你没看错，最终走到 0，即所谓的权利金归零，也就是说，无论你在哪个时间点买了这只期权，最终都会归零亏完，如果以 500 元购买，最终就是亏 500 元，若以 800 元购买，最终就是亏 800 元，若运气不好买在高点 1500 元，最终就是亏 1500 元。

于是有投资者会说，这样看起来买方胜率很低啊，怎么买都亏。是的，如果将期权都拿着到期，肯定胜率不高。但你注意看图 1-10，是不是有一段连续大 K 棒呢？从底部 400 多元涨到接近 1500 元，这时候出场，就能实现短短一天内盈利 3 倍左右的效果。这就是买方要追求的目的，把握时机出手，快速出场，才能获利，而不是将期权拿到最后。但冷水还是要泼一下的（因为怕你看了这些获利倍数后太兴奋），投资者通常不可能买在最低点，卖在最高点，虽然本书后面带方向的战法会教你把握进出场时机，但整段盈利要全部抓住还是很难的。

那么卖方呢？

卖方在收到权利金后，希望它最终归零，这样就可以让权利金全部落入自己口袋，所以从图 1-10 来看，无论你卖在哪个价位，结果都是盈利的，只是盈利多少不一样，你卖在 300 元，最终就是赚 300 元，卖在 600 元，最终就是赚 600 元，若运气很好卖在高点 1500 元，最终就是赚 1500 元。

乍看起来很美好，不管期权怎么卖最终都盈利，但这不代表过程是美好的。卖方就是买方的对手，双方互相博弈，就像在图 1-10 中所示的，曾经一天有权利金高达 3 倍涨幅，如果你刚好不幸在那之前将期权卖出，那么途中就要承担账户的仓位大约有 300% 的浮亏，这会造成非常大的心理压力，而且还不知道会不会继续亏损，虽然图中结果是好的，但现实中还会好吗？

期权卖方大部分是要靠时间赚钱的，靠时间磨损权利金，这需要投资者具备耐心和风险控制的能力，耐心只能靠你自己磨炼，本书会详细讲述风控的技巧。总而言之,卖方跟买方是完全不同的交易风格。

　　每个人的个性、价值观不同,因此在期权交易上,有些人会偏好只做买方,或只做卖方,或许你也在思考自己选择哪边,其实,选择哪边都可以,只是要提醒你,买方、卖方不是只能选一边,而是可以根据实际情况来选择合适的策略,将买方、卖方结合起来做,不用预设立场把自己框住,尤其是在如此多变的金融市场中。兵无常势,水无常形,能因敌变化而取胜,谓之神。

期权市场中的“猎人”

　　你有没有玩过德州扑克?那是一种扑克游戏,每个人手里有 2 张牌,结合牌桌上陆续开出的 5 张牌,然后从 7 张牌里任意选 5 张,组成组合,大家互相比较大小,根据游戏规则来判断组合,组合最大者赢走牌桌上押注的筹码,如图 1-11 所示。

图 1-11　德州扑克

笔者在读研究生时常打德州扑克，那时认识了一个牌技很厉害的朋友。他说，在他每次上牌桌时，都会仔细观察桌上的对手，厘清这桌赛局里哪些人是高手要避开，哪些人是"鱼"可以利用（"鱼"在德州扑克术语里表示容易亏钱的人），如果找不到"鱼"，那么自己可能就是桌上的"鱼"（笔者当时觉得他说的这句话好有道理，后来才发现这在很多扑克书上都有讲）。

同样的道理，在金融市场中，我们也需要了解与之博弈的对方是谁，"鱼"在哪，对手的目的为何，这里主要针对期权战场来解析，大致有以下 5 类对手。

（1）做市商

做市商的英文是 Market Maker，简称为 MM，严格来说，做市商应该不算对手，因为它们同时挂出买单报价和卖单报价，被动成交，部位上会自动对冲，且尽量保持方向上的中立，并不是跟你对赌，而是为市场提供流动性。这样说起来好像太公益，其实做市商主要赚买卖价点差。做市商有自己的定价模型，其判断隐含波动率在什么区间是合理的（关于隐含波动率的细节留待后续章节做深入讲解），即判断什么样的买卖价格是合理的，然后在合理价格之上加些价格再挂出市场给人成交。当市场行情变动快速时，就要发挥做市商的特色了，其可以做大量报单、撤单，且没有限制，再搭配其所用的系统的速度优势，如此来赚取微薄的点差利润。

但做市商也不是躺着赚钱的，在大行情的突袭下，如果其对冲风控做不好，也很容易亏损，甚至一不小心就倒闭了。由于做市商有为市场提供流动性的义务，虽然其装备精良，但需要经常挂单在市场，就像战士穿着盔甲在四周没有遮蔽物的战场中前进，因此有些特别的专业机构，专门研究如何"狙击"做市商，从做市商身上剥削。而对于一般的期权投资者来说，不用考虑太多，也不用觉得做市商是庄家，就认为它们会欺负人，其实它们就是保证你在交易时至少还有对手方，只是它们所挂的价格差了点。

（2）暴利投机客

一般人接触期权，首先会被它快速获利这一特色所吸引，其 1 天能获利 10 倍，甚至上百倍，但要完全抓到上百倍的利润是非常难的。如果你做期权每天幻想"今天买了 10 万元，过几天就要盈利 10 倍"这样的事，那么最终大概率都会亏损，而且亏损得很惨。有时候做投资也很矛盾，你为了获得财富自由，为了盈利，所以才来做投资，但唯有放弃快速致富的冲动，才有可能实现稳定盈利，甚至不小心获得暴利。

2019 年 2 月 50ETF 期权市场出现过单日 192 倍的获利，此后期权成交量不断创新高，大量投资新人投入这个市场，甚至很多投资者利用子账户入场。这些人几乎都是被期权能在短时间内获利几十倍的魅力所吸引的，但他们也只会靠买期权来赌方向，大多最终是亏钱的，并伤心出场。2019 年上半年做期权卖方很好盈利，因为那时权利金很贵。如果你使用小资金偶尔玩玩期权，像买彩票一样，那么无可厚非，但如果想长时间稳定获利，那么每次都这样不切实际地乱买期权是不行的。这样的人在市场上很容易被用来赚钱，而你自己也要小心，不要变成这样的"鱼"。

市场上还是有投资高手的，他们利用期权能在短时间内获取大量盈利的特性，会对标的做详细分析，擅长等待，然后抓准时机出击，这个时机可能要等 1 年，也可能要等 5 年。

（3）大户卖方

小资金的投资者在投资时可以赌一把，正所谓“光脚的不怕穿鞋的”，但大资金的投资者或机构通常倾向于稳定获利，纯做买方赌低胜率的爆炸性获利，同时也会依靠卖期权的高胜率特性来增加收益。

期权卖方需要占用的资金量比买方占用的资金量大，但优点是胜率高，如果投资者的风控对冲技术好，就能长期实现低回撤的稳定收益，因此卖方深受机构投资者的喜爱。

对于散户来说，当认识到做期权卖方的大部分是机构或有钱大户时该怎么办？是加入他们，还是耐心等待击溃他们的机会？

传统做股票或期权的投资者，多少会参考交易量、持仓量、换手率这些信息来思考上面的问题，至于有没有用，就见仁见智了。但在期权上，我们认为持仓量具有很高的参考价值，你可以从期权行情图里看到（如图 1-12 所示），每个行权价合约都有不同的持仓量。

认购期权 (Call)												认沽期权 (Put)						
卖价	最新价	买价	涨跌	涨跌幅	持仓量变动	持仓量	卖	买	19天	买	卖	持仓量	持仓量变动	涨跌幅	涨跌	买价	最新价	卖价
0.25	0.2482	0.2482	▼0.0403	-13.97%	428	8802			2.700			46347	2910	20.00%	▲0.0004	0.0024	0.0024	0.0025
0.1954	0.1954	0.1935	▼0.0426	-17.90%	399	7437			2.750			37897	3931	62.96%	▲0.0017	0.0044	0.0044	0.0045
0.1505	0.1505	0.1503	▼0.039	-20.58%	851	13140			2.800			93024	10297	50.00%	▲0.0024	0.0072	0.0072	0.0073
0.1045	0.1044	0.1044	▼0.0403	-27.85%	1895	23173			2.850			143118	17375	66.67%	▲0.0064	0.016	0.0160	0.0161
0.0709	0.0708	0.0708	▼0.0339	-32.38%	5055	58671			2.900			142457	13766	61.29%	▲0.0114	0.03	0.0300	0.0301
0.0451	0.0450	0.045	▼0.0262	-36.80%	21041	142578			2.950			132834	4423	51.91%	▲0.0177	0.0518	0.0518	0.0519
0.0269	0.0269	0.0268	▼0.0184	-40.62%	48690	333955			3.000			142310	-889	44.62%	▲0.0261	0.0846	0.0846	0.0849
0.0089	0.0088	0.0088	▼0.0079	-47.31%	25490	379055			3.100			60482	-765	27.96%	▲0.0364	0.1666	0.1666	0.167
0.0036	0.0035	0.0035	▼0.0021	-37.50%	14995	226952			3.200			31857	-723	16.94%	▲0.0376	0.2586	0.2596	0.2596
0.0019	0.0018	0.0018	▼0.0006	25.00%	785	84376			3.300			4045	-106	10.40%	▲0.0335	0.3554	0.3555	0.358
0.0014	0.0013	0.0013	▼0.0002	-13.33%	4621	56318			3.400			3468	-118	8.22%	▲0.0347	0.4618	0.4567	0.463

图 1-12　咏春软件上的期权持仓量数据

持仓量越大的行权价，代表那个价格点位的抵抗力越强，可以将认沽期权最大持仓量的行权价，理解为下跌阻力位，而将认购期权最大持仓量的行权价，理解为上涨压力位。为何可以如此解读呢？

因为期权持仓量代表同时有一组买方和卖方成交并持有，所以在理论上可以从买方的角度来看，但认购期权的行权价拥有的持仓量越多，就代表有越多的买方在此押注，那么是不是市场即将突破，可以看好接下来的行情？你可以这样思考，但我们倾向于以卖方的角度来看待这个问题，为什么呢？

刚才说过，做期权卖方的大部分是机构或有钱大户，平均而言，无论在技术上还是在信息获取上，他们都比一般投资散户有优势，而且卖方用的资金比买方用的资金更多，因此卖方对于自己的仓位更重视，更倾向于在一段时间内守住价格。在金融市场中，不要管对方说了什么，重要的是他做了什么，期权卖方愿意投入大笔资金卖在那个行权价，就多少代表了某种程度的可信度，无论如何，他们至少用钱投了票。

但这些不是绝对的，在金融市场中没有什么是绝对正确的，因为最大持仓量会随着行情结构和市场气氛开始转变，所以每天观察持仓量的变动也是很重要的。但无论持仓量怎么变动，在遇到黑天鹅时都来不及调整仓位，尤其是拥有大资金的机构，这时就是买方狙击的好时机！

（4）避险机构

避险机构看起来跟上面所讲的大户卖方类型很像，但实际交易逻辑不太一样，大户卖方要靠卖期权来盈利，而避险机构主要利用期权来降低损失，稳定收益，其可能买期权，也可能卖期权。

买期权，除了可以追求大幅度获利以外，还有一个很大的优点就是可以把买期权当作买保险。比如，当你手上有大量股票时，随着行情连续上涨，浮盈不断增加，你很开心。但同时也很苦恼，想要获利出场又怕它继续涨，怕错过后面更大的获利，如果不出场，怕它突然大幅度下跌而只留黄粱一梦。面对这种情况，你可以买认沽期权，保护手中的资产，这也是很多资产管理机构在快牛市中会做的，因为它们除了要追求获利以外，还要有稳定绩效的表现，不能大起大落，否则就跟赌徒一样了，有愧于专业基金经理人的身份。

除了可以用买期权对账户做保护外，也可以用卖期权对账户做保护对冲。买期权所付的权利金相当于保费，在有事儿时的确可以对账户起到保护作用，但在没事儿的时候，就等于亏损，因此，专业机构比较喜欢用卖期权来做资产对冲，例如持有几只看好的牛股，搭配卖出认购期权，如此操作在震荡或下跌行情中还能弥补股票损失，甚至增加收益。

综合此类机构的做法，我们可以认识到，国内大量对冲基金投资者开始懂得使用期权。在平常时期，认购期权会被大量地卖，隐含波动率偏低，权利金比较便宜；而在动荡时期，认沽期权会被大量地买，隐含波动率偏高，权利金变贵。

除了股票市场以外，在大宗商品市场也有期权，这就给了各种现货企业用期权做套期保值的机会，也使得期权投机者有了对手方。现货企业做衍生品投资的真正目的是避险，即稳定企业的利润，大企业会根据自身的生产情况、基本面的供需情况，对商品的成本有预判，因此，如果你做商品期货期权，会发现在某些价位有时会出现大量对手方，那可能是大企业认为的好价格，在提前用期权或期货锁住利润。

（5）价差套利者

期权套利者一般有两大策略：一种是无风险套利，即利用严格的定价基础（例如 Put-Call Parity、蝶式凸性套利等）来监控市场价格，虽然几乎无风险稳赚，但利润不高、机会不多，且需要拼速度，赚的是辛苦钱。另一种是专门做波动率套利，属于统计套利，当隐含波动率之间的关系出现异常时，认为它回归，借此获利。在方向上会做 Delta 中立对冲，厉害的机构可以将年化收益率做到 15%～25%，回撤不到 2%。

这些做价差套利的投资者，在理论上不是你的敌人。我相信，在看书的读者中 90% 是想通过期权赚大钱的，这些价差套利者可以协助市场价格回归正常，并不能成为读者赚钱的来源。当然，如果读者有心钻研，可以学习波动率策略套路，提升期权收益的稳定度，毕竟隐含波动率是期权的核心。

（6）其他对手

前面主要介绍了一些比较常见的期权投资者类型，但市场中肯定不止这些，还有更多不同策略和目标的期权交易者存在，例如专门做短线日内交易的、专门追熔断的、专门做事件驱动的、专门做末日轮的等。这些交易者类型五花八门，其实，笔者认为他们都算第二种——暴利投机客，只是对风险收益要求的偏好有一些差异。

———— 国内期权商品特性 ————

在本书撰写时，国内期权市场已经开放的期权品种有 12 个，分别是 50ETF 期权、300ETF 期权、豆粕期权、白糖期权、玉米期权、棉花期权、铜期权、橡胶期权、铁矿石期权、PTA 期权、甲醇期权和黄金期权，除了 50ETF 和 300ETF 是股票类期权外，其他几个都是商品期货期权。在可预见的未来，国内肯定会持续开放更多期权品种，例如美国就有几千个期权商品，可见这市场潜力有多大。

股票期权和期货期权的最大区别在于标的物的结算。我们知道期权在到期后就要结算，期权买方可以选择是否行权，对于 50ETF 期权而言，执行认购期权就是用行权价购买 50ETF 这只基金（笔者喜欢把它当作股票，虽然在定义上它是指数基金），执行认沽期权就是卖出 50ETF。但如果你做期货期权，那么认购期权的买方执行权利后就获得多头期货，而认沽期权的买方执行权利后就会获得空头期货。

不要小看这个差异，股票期权在结算时需要买/卖股票，因此可能会受现货市场供需的影响，且国内的股票市场实行的是 T+1 制度，也就是说，在股票到期结算后的隔天，你才可以拿到该股票，但不能马上卖掉，要再等一天，才能把它卖出，如此就额外承担了一天的风险。期货期权结算比较方便，期货是衍生品，没有量的限制，未来如果开放指数期权这类商品就更好了，指数期权在到期时使用现金结算，完全不需要考虑标的物的买卖问题。

接下来重点介绍 50ETF 期权、300 系列期权、豆粕期权、白糖期权，带你理解这几个标的物的特色，虽然期权功能很强大，但其毕竟还只是工具，深入掌握标的才能掌握盈利机会。

（1）50ETF期权

该期权的标的物是上证 50ETF（股票代码是 510050），合约单位是 10 000 股（代表执行权利可以买卖 10 000 股），属于欧式期权（就是买方不能随便执行权利，只有在到期那天才能执行），每个月的第 4 个星期三是到期日，这一点要记住，不要傻傻地等手中的权利过期了都不知道。每次总共有 4 个月份的合约可以选，分别是当月、下月、随后两个季月，假设现在是 3 月，那么你可以操作的期权月份就是 3 月、4 月、6 月、9 月，其中交易量最大的是当月，当月也称为热门月。

上证 50ETF 是指数基金，由上海证券交易所里规模大、流动性好、具代表性的 50 只股票组成，各股所占权重有公式规定，每半年调整一次成分股。成分股有贵州茅台、工商银行、农业银行、中国平安、招商银行、中国人寿、中信证券、交通银行、中国石化、恒瑞医药等，大部分是金融类股票。

不要小看上证 50ETF，以为它包含的都是大型股，没有小型股涨幅大，股票市场是受投资者情绪高度影响的，因此不同板块类股票涨跌有轮动（排除大牛和大熊行情，在极端情况下全体股票共同涨跌）。看图 1-13，图中第一段是 2017 年下半年的行情，号称漂亮 50 行情，白马股受追捧，当年上证综指涨幅是 6.56%，深证成指涨幅是 8.48%，创业板跌幅是 10.67%，中证 500 跌幅是 0.20%，中证 1000 跌幅是 17.35%，沪深 300 涨幅是 21.78%，上证 50 的涨幅则高达 25.08%！

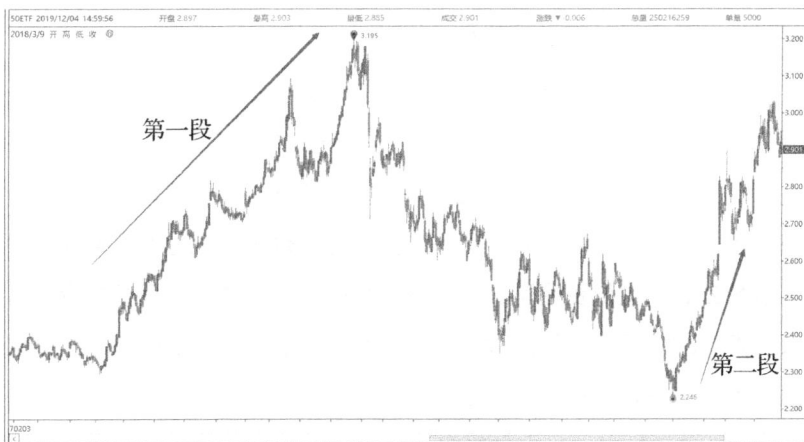

图 1-13　上证 50 的走势

图 1-13 中的第二段是 2019 年年初的触底反弹，在 2019 年春节

后跳空暴涨，促成期权市场出现了著名的当日 192 倍获利的情况，如果把握到这些波段机会，利用期权的杠杆特性，那么获利是非常惊人的。

（2）300系列期权

为什么叫 300 系列期权呢？因为国内在 2019 年 12 月开放的沪深 300 期权总共有三种：上海证券交易所的 300ETF 期权，标的物是华泰柏瑞 300ETF（股票代码是 510300），合约单位是 10 000 股，其交易规则与 50ETF 期权的交易规则一样；深圳证券交易所的 300ETF 期权，标的物是嘉实沪深 300ETF（股票代码是 159919），其交易规则与 50ETF 期权的交易规则也差不多；还有一种比较特别，是中国金融期货交易所的沪深 300 指数期权，标的物是沪深 300 指数，合约单位是沪深 300 股指期货的三分之一，结算日跟股指期货一样，也是每个月的第 3 个星期五，采用现金结算，不用担心是否要交割股票，且合约金额比较大，适合大资金客户。

有人可能比较困惑，300ETF 和 300 指数有什么区别呢？首先来看 300 指数，它是根据公式把 300 只成分股的价格进行加权计算的，以衡量股市情况，但它不能交易。于是有人发明了 ETF，一种用来追踪指数的产品，有专门的管理公司负责把指数里的成分股买起来，根据指数公式权重做资金配比，如此，产品就可以提供给一般的投资者做买卖。300ETF 可以视为能交易的 300 指数产品，但也因为经过中间一手的处理，会有追踪误差。

跟上证 50 相比，沪深 300 的成分股比较多元，不会集中在金融、保险类上面，投资者无论做对冲还是要保险，沪深 300 期权都比上证 50 期权好。在波动上，沪深 300 的波动也比较奔放，使得投资者买期权获得暴利的机会比较多，因此，未来沪深 300 期权肯定会有很好的发展。

（3）豆粕期权

该期权标的物是大连商品交易所的豆粕期货（商品代码为 m），合约单位是 1 手（表示你执行权利可以获得 1 手多头或空头期货），属于美式期权（就是买方每天都可以执行权利），到期日为豆粕期货交割前 1 个月的第 5 个交易日，这很难记住，可以直接参考期权软件（比如咏春期权软件），上面都会标注距离到期日还有几天。

既然标的物是豆粕期货，那么就要先理解什么是豆粕。豆粕的来源是大豆，是大豆经过压榨后的剩余物，1 千克大豆里约有 0.8 千克豆粕，0.2 千克豆油。因为中国的大豆依赖于从美国、巴西、阿根廷进口，其中美国的比重很大，所以做豆粕期货的都会关心美国的大豆行情。

豆粕期货的合约热门月是 1 月、5 月、9 月，所谓合约热门月，就是交易量、持仓量最大的月份，因此热门月也是投机交易者参与的主战场。期权的热门月也各自有不同的风格和关注点，不过都有一个重点，那就是天气。

一般来说，豆粕期货如果要发生大行情，那么天气因素将占很大比例，豆粕毕竟是农产品，需求比较固定，如果生产出问题，就容易造成供需失衡。

如果在 2~4 月操作豆粕期权，就关注巴西、阿根廷大豆产区天气，如果在 6~9 月操作，就关注美国大豆产区天气，这时候利用买期权，看准时机出击，如果运气好的话，获得几十倍的盈利都是有可能的。

（4）白糖期权

该期权标的物是郑州商品交易所的白糖期货（商品代码为 sr），合约单位是 1 手，也属于美式期权，到期日为白糖期货交割前 1 个月的第 3 个交易日，这个日期一样很难记，直接参考期权软件即可，上面都标注有距离到期日还有几天。

白糖是一种有趣的商品，由于其产业受到官方保护，被严格控制进口，因此中国的白糖行情常常会有自己的趋势，与国际白糖的情况不一致。

白糖的来源是甘蔗和甜菜，它们虽然是农产品，但因为生产加工需要很多投入，所以也具备工业品属性。想投入该市场的投资者请注意，你可以有主观的对基本面的看法，但也要尊重市场资金的表现，除非你相信自己是跟主力站在同一边的。

白糖期货的合约热门月也是 1 月、5 月、9 月，相对于大豆每年都会重新播种的周期，白糖的种植轮回期比较长，生产周期为 3～4 年，但每年也存在"炒天气"的机会，只是比较随机，例如要看印度是否发大水，看巴西是否干旱等。原本只是想做投资，没想到快把自己弄成天气专家了，没关系，也可以不用这么复杂，通过后面章节的介绍，我们从 K 线中找寻蛛丝马迹，也能发现获利机会。白糖有很强的大周期性，大约 5～6 年是一个周期，在历史上一般有 3 年牛、3 年熊的走势。

常见的期权迷思

看到这里，你可能已经感受到了期权的魅力，想要跃跃欲试，但内心深处还是有些犹豫，正所谓"心魔不除，何以精进"，下面我们来一一破除内心的迷惑。

（1）期权杠杆高，很危险

都说期权杠杆高、很危险，是这样的吗？这句话只说对了一半，杠杆高没错，但是否"危险"就因人而异了。

如果让一个小孩去开汽车，危险吗？如果让一个考过驾照的人去开车，危险吗？一个有驾照的人，但从来没开车上过路，现在让他开，危险吗？

"陌生"让我们感到恐惧，恐惧造成我们的排斥，只要学习到正确的方法，结合经验累积，期权并没有你想象中那么危险，甚至可以说，比其他金融商品更安全。

（2）期权好复杂，不适合一般人

当你不再犹豫，认真了解期权后会发现，期权好难懂，还夹杂了许多数学公式，而你身边的朋友也说，期权太复杂，适合那些精通数学，或者金融机构专业的人士做，不适合我们一般人做。

是这样吗？不可否认，期权有一些复杂的数学和理论公式，但是先有了期权才有数学模型的，而不是先有数学模型才有期权。定价模型是给做市商或者做期权套利的人用的，身为一般投资者，只要会应用其中几个数值，就能大大提升获利机会。除非你要做研究，不然那些公式都不需要深入了解，本书也没有什么很高的数学门槛，只要你会加、减、乘、除运算就好，后面章节会深入浅出，一步步带你学会期权，让你不仅可以靠买期权抓趋势利润，还能学会做期权卖方交易。

（3）做期权的都是赌徒

只要有选择，就都是在赌，选专业是赌，选工作也是赌，而我们要做的不是抗拒赌，而是学会提升判断力，利用策略做出在目前情况下最有利的选择，并且当后续变化陷入对自己不利的局面时，能动态调整，控制损失，继续活下去。

而且有些"赌局"，不仅能带给你金钱上的收益，还能带给你很多看不到的收获。举生活中常见的例子，你工作认真，同时对生活有追求，想要保持年轻体态，有一天下班后，你抽空去了健身房锻炼。一个发型利落、长相阳光、身材看起来就像教练的男人注意到你，认为你天赋异禀，推荐你办健身房年卡。你在思考一下后，为了美好的自己，决定办年卡，跟他对赌。

是的，办健身房年卡也是赌：你交了钱，赌自己会每天去健身，或者至少每周去才不亏；健身房从业者赌你只有第一个月能频繁去健身，以后就很少去了。

但无论如何，你都会觉得健身房这个"赌局"是好的，毕竟从运动中能获得健康。同样，做期权也是，你从做期权的过程中会获得许多快乐和痛苦，也能大大锻炼你的思维，提升你的心理抗压能力，让你跟一般人看事情的角度不一样，同时还有机会赚钱。

第二章
获利前的准备

影响权利金的三要素

期权与股票、期货等投资人已耳熟能详的投资商品不同，作为划时代的多维度金融商品，其价格（也就是权利金）的构成因素也相对多元。所有金融商品都具有"多空方向"，多空方向是影响期权价格的第一个要素。由于期权具有衍生品的特质，因此与期货一样具有对未来某特定时间点价格预期的属性，故而"时间"成为影响期权价格第二个要素。更特别的是，由于期权具有买方、卖方权利义务不对称的特殊性，因此市场预期更占了其中重要的角色，衡量市场预期程度的"隐含波动率"就变成了影响权利金变化的第三个要素。

或许有人会问，既然多空方向、时间与隐含波动率是影响期权权利金的三要素，那么三要素的优先顺序是什么呢？

严格说起来，在不同的时空背景下，会有特殊状况要考量。例如过高或过低的隐含波动率有时候会被列为进出场决策时的优先考量因素，其在当下会比多空方向和时间更重要。但撇开特殊情况不谈，在多数情况下，三要素的相对重要性可以归纳为下列不等式：

多空方向 > 隐含波动率 > 时间

为何说多空方向在此三要素中占据首位呢？我们以期权买方为例，由于期权终究还是以特定行权价行使买入或卖出标的资产的权利，因此特定合约是否能有机会具有行权价值、持续地保有行权价值，甚至之后具有更高的行权价值，就成为权利金是否能够持续走高的关键因素。而标的资产多空方向的变化，基本上决定了行权价值的大小（期权卖方可以此类推，观念相同，方向相反）。

这里所说的"有机会具有行权价值"，指的是虚值期权往实值迈进的过程；而"持续地保有行权价值"，指的是已进入实值的期权合约不会因为行情变化而变成虚值，并进一步归零；至于"之后具有更高的行权价值"，是指标的资产行情如预期变化发展，权利金进一步上涨。不管是三种情况中的哪一种，都是进行期权买方操作时能否获利的最重要的因素，而辨别出标的资产的多空方向，就是其中的关键，因此多空方向的重要性排在首位。

位居第二位的隐含波动率是衡量目前权利金价格偏离理论价格程度多寡的重要指标。由于期权的权利金价格中有"时间价值"的成分，代表着市场买方愿意在特定时间为此合约付出的成本，期望付出此成本之后，换取未来权利金进一步上涨或进入实值而行权所带来的收益。对未来收益可能性的预期越强烈，愿意付出的时间价值越大，衡量偏离程度的隐含波动率就会同步走高。

由于时间价值具有随时间流逝递减、到期时归零的特性，因此在隐含波动率相对走高时买进期权，除了代表对未来行情预期的认同度高，愿意付出较高的价格买进之外，也象征着归零损失的风险相对提高。因此隐含波动率在实务操作运用上，具有衡量风险的功能，通过比较隐含波动率的相对高低，结合期权策略，可以为决策提供多样的参考价值。

三要素中重要性排在末位的是时间，时间指的是距离期权合约最后交易日的时间的长短。一般来说，在其他条件不变的情况下，若距离最后交易日的时间较长，那么拥有权利的买方由于损失以权利金为上限，却具有较高的机会能够获取较多利润，因此愿意付出较高的权利金以取得权利；而卖方也因为距离到期时间较长，而使进场承担的义务具有较高的被行权风险，因此要求收取较高的权利金来减小风险。

在买、卖双方都愿意以较高价格成交的状况下，形成了距离到期日越长、权利金越高的特性，符合"时间价值"的字面意义。由于距离到期日长短通常为已知，因此其对权利金变化的影响相对较小，重要性因此也相对较低。"买方以近月为主、卖方以远月为主""末日轮"等期权操作中常见的规则或习惯，就是以时间作为考量因素的。

在期权中，时间还具有"价值递减"的特性。由于期权合约都具有有限的寿命，其寿命随着到期日的逐步逼近而缩短，因此其权利金中属于"时间价值"的部分会因为到期时不具有行权价值而渐渐减少，这就是时间价值递减的含义。此特性对买方策略不利，对卖方策略有利。

倍数获利的来源

初入期权市场的投资人，大多会以买方策略作为起手式。这中间的原因除了买入期权的概念与传统金融商品的概念相似（都较为浅显易懂）之外，最重要的理由当属期权买方能够倍数获利了。

相信每一位投资人都不止一次地听闻在某年某月某日，某期权市场出现数十倍、数百倍的获利案例，甚至自己也亲身经历、体会过。与股票的涨停板、期货的几成收益率相比，期权高达数十倍、上百倍获利的吸引力实在太惊人了，使得期权极具话题性和戏剧性，因此初入期权市场的投资人都会带着尝鲜的心态姑且一试，看看自己能否成为下一个刷新历史获利倍数的投资者。

幸运儿人人都想当，可惜事实却不尽如人意。虽说买方下档损失有限，所谓高风险、高收益不能完全适用于此情境，但要达到倍数获利实在有其严谨条件，并非纯粹带着"赌徒"心态放手一搏就可轻松取得。结合期权商品特性及权利金变化的条件，要达到倍数获利至少需要下列三个要件。

倍数获利的第一个要件是"看准标的物"。如前所述，标的资产的多空方向是形成期权权利金变化的最重要的因素，买方若不能精准判断标的物后续行情可能的走势，一旦研判错误，就会遇到"内含价值"及"时间价值"的双重损失。由于这里讨论的是如何倍数获利，纵使买方损失有限，也无法达成目标，因此看准标的物、克服权利金价值的损耗，成为倍数获利成功的第一要件。

先来谈谈内含价值。所谓内含价值，是指买方行权时所能获取的实际价值，其损益以标的资产价格与行权价之间的差距来决定。因为期权买方具有享受权利但不负担义务的特权，因此内含价值不会为负值，实值的期权合约才具有内含价值。

既然内含价值是由标的资产价格与行权价之间的差距所决定的，而行权价在买入时就已确定，因此标的资产价格的变化就成为影响内含价值的唯一因素。掌握了标的资产的价格变化，就掌握了内含价值，因此看准了标的资产的行情变化，自然就避免了内含价值的损失。

进一步来说，当标的资产的行情走势出现了较为快速、单边的发展时，就会引起市场认为行情有持续扩大的可能。在预期行情将顺势发展的心理带动下，空手的买方将产生进场布局的需求，进一步推升价格、拉高隐含波动率。而原有的逆势卖方则会因为浮亏及损失的风险提高，而有进场平仓止损、降低风险的需求。这两种需求都会造成权利金瞬间被冲高，抵消了因时间流逝所造成的亏损。因此，掌握了标的资产行情发展的方向及速度，就能有效克服时间价值递减的亏损。

至此，看准标的物的行情，就能降低内含价值及时间价值的递耗风险，进一步增加倍数获利的机会。所谓"先求不败、再求胜"，第一要件"看准标的物"，讲的就是这个道理。

倍数获利的第二个要件是"进场时机美"。我们在实盘中常常可以看到，当标的资产的日内行情出现较大的涨势或跌势之后，相关期权的权利金往往也会跟着"井喷"，涨幅更胜一筹。这种现象除了反映期权合约本身往实值方向靠拢、合约价值因此增加的程度外，也受市场预期获利机会增加而进场追买的影响。受到此预期心理影响，买方愿意用更高的价格买进，表现出来的就是时间价值的虚增。

由于时间价值具有随着时间流逝递减及到期归零的特性，对买方是一项不利因素，因此付出过高的时间价值往往是造成买方损失惨重的主要原因之一。偏偏追求倍数获利以买入虚值期权合约为主，虚值期权合约的权利金全部都是时间价值，没有内含价值，受到预期心理升高的影响其大幅虚增的情况特别严重，若进场时机过晚，即在行情大涨或大跌后才买入认购期权或认沽期权，则很容易犯追高被套牢的错误。因此如何洞察先机，避免在行情大涨或大跌后买入，成为很多期权投资者追求的目标。

或许有人会说："可以先把部位买起来，等行情出现看涨就买认购、看跌就买认沽。"这样做或许可以避开因买太晚而追价的风险，但却会面临另一个问题：时间价值递减。如何把买入时机拿捏好，不至于因为买太早而遭受时间价值的损耗、买太晚而付出过高权利金，成为达成期权操作倍数获利的第二个重要条件。

笔者操盘多年的心得：根据期权商品特性及数据统计显示，在期权合约没有一定概率进入实值的情况下，随着时间价值的流失，其归零的风险相当高，这是期权买方所面临的"天敌"。而某股神曾经提过一个操作观念："不要在乎买得贵，要在乎买了之后会不会更贵！"

因此"两害相权取其轻"，比起追价所带来的被套牢风险，由方向、速度导致的归零风险更危险，应在行情胜算较为明显时出手，哪怕此时成本高，也不要在没有任何迹象时逢回低接。这对于喜欢逆势买入的股票投资人来说尤其重要。

从技术分析的角度来看，先把部位买起来布局，比较类似于"左侧交易策略"；而等到行情出现大涨或大跌后才进场买入，则偏向"右侧交易策略"。除非你的左侧交易策略具有相当高的胜率，否则要冒着相对较大的归零风险。而右侧交易策略的进场成本虽然较高，但其站在多空表态后具有较高胜算的基础上，相比左侧交易策略仍然较具优势。进场成本较高的问题可以通过选择更虚值合约（权利金较便宜）或设定有效止损的方式来解决。

至于多数投资人花费大半心力研究的对期权合约的选择，则是笔者认为的**第三个要件："挑对合约"**。挑选合适的行权价合约买入，这与选股一样，有一定的筛选方式。隐含波动率的高低、联动比例（Delta）、虚实值程度、权利金多寡等因素，都是投资人在进行决策时重要的考量层面。但从笔者实操的角度来看，欲发挥期权买方获利的最好效果，又不至于暴露在过高的风险之下，行权价合约的选择与你对标的资产后续走势的看法有关。你对标的资产接下来行情的规划、目标价到哪里，决定了你进场时对期权合约的选择。

有关期权买方进场时如何选择期权合约，包含进场及出场的一些技巧，本书后面会有详细说明，此处仅简要叙述。

重视归零的悲剧

曾经在朋友圈看到一个关于期权操作的段子非常有趣：某券商的客户经理在行情低迷时，与业界同行聚餐聊天时提到："入行这么久，从来没有看过有投资人看错行情、血本无归之后还能这么开心的，现在在期权市场看到了"。

这讲的自然是关于期权买方的范例。在这个段子中，或许是投资人事前的心态就建设得很健康，因此就算买方部位归零了，也能够一笑置之。但在这个段子背后所显示的现象是：买方归零这件事对于投资人来说不算特别，而一笑置之则代表投资人对于买入本金的全部损失并不感觉严重，轻视了权利金归零所带来的风险。

由于期权买方具有损失有限的特性，多数投资人也以买彩票的心态来面对期权买方："中了大赚、不中下次再来"，因此人们常常可以看到投资人遇到期权归零却不心疼的案例。但也因为投资者的心态变好了，对于运气的成分就倚重了些，对于是否应该进场做买方的思虑就少了一分。事实证明，不是每次接近最后交易日都会有末日轮行情，甚至多数时候没有末日轮行情。因此当笔者听到有人提出每次都要投资末日轮的奇怪策略时，心中总是五味杂陈。

我们以中国台湾的股指期权数据为例，就可以发现到期归零在期权市场中是大概率事件。从中国台湾期货交易所公布的 2019 年 9 月到期结算数据来看（如图 2-1 所示），该月份共有 4 种股指期权到期，认购及认沽共 8 种合约结算。其中到期持仓量（到期未冲销部位数）总和为 1 558 308 手（165 502+132 523+…+230 458），到期实值持仓量（到期价内未冲销部位数）总和为 206 649 手（4 358+20 962+…+4 637）。

最后结算日	契约月份	商品名称	商品代号	买卖权别	到期未冲销部位数	到期价内未冲销部位数	实际履约部位数	实际履约部位数
2019/09/25	201909W4	台指选择权	TXO	买权	165,502	4,358	0	4,358
2019/09/25	201909W4	台指选择权	TXO	卖权	132,523	20,962	0	20,962
2019/09/18	201909	台指选择权	TXO	买权	220,671	103,064	0	103,064
2019/09/18	201909	台指选择权	TXO	卖权	421,402	2,763	0	2,763
2019/09/11	201909W2	台指选择权	TXO	买权	127,600	20,568	0	20,568
2019/09/11	201909W2	台指选择权	TXO	卖权	163,558	8,506	0	8,506
2019/09/04	201909W1	台指选择权	TXO	买权	96,594	41,791	0	41,791
2019/09/04	201909W1	台指选择权	TXO	买权	230,458	4,637	0	4,637

图 2-1　中国台湾期货交易所 2019 年 9 月股指期权到期结算数据

期权合约若不是实值的，就是平值或虚值的，而平值或虚值的期权合约在到期时将会归零，因此我们可以将图 2-1 中的 8 种合约到期时总持仓量减去到期时实值持仓量，就能得出期时平值及虚值持仓量为 1 351 659 手（1 558 308-206 649），此数量的合约在到期时归零。进一步将到期归零的合约数 1 351 659 除以到期总持仓量 1 558 308，可以得出 9 月的股指期权归零率为 86.74%。

作为一个希望成为赢家的投资人，追求专业、重视逻辑和讲求策略，应该是其长期致胜的不二法门。既然期权特性告诉我们时间价值递减是不变的定律，那么从期权市场公布的数据来看，长期而言期权买方归零是大概率事件（中国台湾自 2001 年期权上市交易以来，平均归零率为 85% 左右，美国标普 500 股指期权 30 年数据的平均归零率约为 70%）。我们在操作买方策略时应正视这个事实及可能存在的风险。

佛家有云："有法有破。"任何局都有破解之道，既然买方追求的是数倍的高报酬，那么难度自然也不一般。"三年不开张、开张吃九年"，大概也能说明买方在操作上可能面对的难关。任何一次的买方归零，不仅仅是操作本金的损耗，也是对操作者信心的打击，长此以往，就算投资者有再好的心理素质也扛不下去。重视归零的风险，每次出手都做到深思熟虑，才是正本清源之道。

时间价值如何递减

投资者在学习期权的理论知识时，一定听过"时间价值递减"这个特性。教科书是这样告诉我们的：权利金＝内含价值＋时间价值。随着期权到期日的逼近，时间价值会呈现递减的现象，好比艳阳下的冰块及手中的冰淇淋，会逐渐融化。有些更深入的教科书还会说，其递减的程度并非等比例，而是呈现出抛物线的情形，在刚换月时，时间价值相对抗跌，但等过了一个临界点，时间价值将会加速减少（如图 2-2 所示）。但事实真是如此吗？

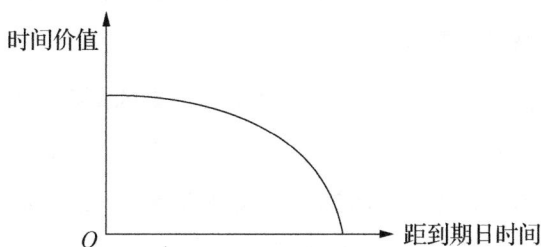

图 2-2　时间价值随着到期日逼近呈现非线性递减

实际上，期权权利金的时间价值深受投资者市场预期心理变化所影响，通过供求关系反映在价格变化上。在没有明显行情的盘整格局期间，由于市场对大行情的预期降低，因此投资者买进意愿相对薄弱，卖方进场布局需求增加，在卖盘大于买盘的情况下，不管认购还是认沽，权利金都会出现下跌情形，这就是典型的时间价值递减。

我们再来看看另外一种情况：标的资产行情有不错的涨跌幅，反映在同向的期权报价上，实值、平值甚至浅虚值期权合约都出现涨势，而深虚值期权合约权利金却出现不涨反跌的情形（如图 2-3 所示）。

成交量	最新价	涨跌	涨跌幅	卖	买	23天	买	卖	涨跌幅	涨跌	最新价	成交量
5154	0.1555	▲0.009	6.14%			2.755A			-33.33%	▼0.0014	0.0028	14140
8124	0.1138	▲0.0069	6.45%			2.800			-31.25%	▼0.003	0.0066	16039
11848	0.1104	▲0.0078	7.60%			2.804A			-26.80%	▼0.0026	0.0071	32006
17122	0.0726	▲0.0046	6.76%			2.850			-25.84%	▼0.0054	0.0155	46825
44432	0.0713	▲0.0057	8.69%			2.853A			-20.83%	▼0.0045	0.0171	73033
54532	0.0407	▲0.0022	5.71%			2.900			-15.76%	▼0.0064	0.0342	63563
113334	0.0395	▲0.0027	7.34%			2.903A			-14.77%	▼0.0061	0.0352	97106
63711	0.0198	▲0.0007	3.66%			2.950			-11.00%	▼0.0078	0.0631	22879
123891	0.0197	▲0.0011	5.91%			2.952A			-12.09%	▼0.0088	0.0640	76437
50597	0.0084	▼0.0012	-12.50%			3.000			-10.40%	▼0.0118	0.1017	10564
72362	0.0046	▼0.0001	-2.13%			3.050A			-7.85%	▼0.0122	0.1472	24474
12336	0.0022	▼0.0007	-24.14%			3.100			-6.75%	▼0.0141	0.1949	2405
18534	0.0015	▼0.0005	-25.00%			3.149A			-5.54%	▼0.0143	0.2437	2888
1412	0.0009	▼0.0005	-35.71%			3.200			-5.08%	▼0.0157	0.2933	867

图 2-3 标的资产涨，深虚值期权合约权利金却不涨反跌

这种行情报价说明市场认为标的资产当日有明显的涨跌幅度，对于浅虚值期权合约来说，短线行情让买方进场布局，此时时间价值不仅没有递减，反而是增加的；可是单凭一日的涨跌幅度尚不足以支撑深虚值期权合约的买方大量介入，因此深虚值期权合约权利金就出现时间价值递减的现象。

由此可见，时间价值递减的特性是以到期的角度来看的，对于有行情的日子，市场预期心理转趋积极，同向不过度虚值的合约时间价值不仅不会递减，甚至可能增加。市场投资者的心理决定了时间价值的增减情况，这是在实盘操作上不可不知的重要事项。

爆仓的原因及免疫方法

聊完了归零，接下来聊一聊爆仓。如果说归零是期权买方最不愿意看到的结果，那么爆仓则可以说是期权卖方的梦魇，而爆仓对于卖方的杀伤力，远远大于归零对于买方的伤害，基本上不在同一个等级上。

对于卖方而言，在持有卖出部位时，需要缴纳一定的保证金，以确保卖方义务的执行能够得到保证。所谓的爆仓，就是指行情持续往不利的方向发展所造成整体部位的浮亏达到交易商的临界点，在未及时补足保证金的情况下，部位惨遭"断头"的现象。在大多数情况下，"断头"是不计成本地以市价平仓，因此成交价格往往是相当差的，有时甚至将所有保证金亏完还不够，形成要补差额的情况。我们常听到卖方策略"获利有限、损失无限"，这句话中的损失无限，指的就是爆仓。

卖方会爆仓这件事儿，往往是初入期权市场的人不愿意接受做卖方的主要原因，因此以买方策略为重心，当个快乐的"赌徒"。而当操作一段时间，发现买方部位常常归零后，知道卖方策略才具有较高的胜率时（为何具有较高的胜率，后面会详细说明），又大举转向卖方，乐此不疲。殊不知爆仓风险从未远去，若因为不想归零而转做卖方，那么持续获利的背后将隐藏相当大的风险。

应该如何看待爆仓风险？我们发现一个很有趣的现象。一方面，买方认为此风险实在过于巨大、无法承受，因此武断地排斥，甚至全盘否定期权这个工具；另一方面，卖方一股脑儿地全身心投入，低估了爆仓的风险。低估风险当然不可取，但把风险无限夸大也不对，这会把一个好的策略拒之门外。

大家可以思考一个现象：每当有知名爆仓案例发生时，就不乏有人将其当作茶余饭后的谈资，并加以嘲笑。但之后却发现那些爆仓的机构法人，多半不仅没有退出市场，反而持续以卖方策略为主，成为长期的赢家。如果卖方策略真的如此不堪，那么为何机构法人"执迷不悟"呢？正确地了解爆仓原因及可能避免的方法，保有卖方策略的高胜算优点却避开可能的重大失误，方是治本的制胜之道。

多年的操作经验及实际案例告诉我们，卖方策略账户会出现爆仓，不外乎两个原因同时存在：一是标的资产多空方向不明；二是整体保证金使用比例过高。这其中标的资产多空方向不明影响较大。

在前面分析买方倍数获利条件时，提到过看准标的物是倍数获利的第一要件。当买方掌握了标的资产未来走势可能的方向及速度时，顺势布局才有机会达到倍数以上的获利机会。既然买卖双方互为交易对手，在买方倍数获利时自然就是卖方损失惨重甚至爆仓的可能时刻。因此看对标的资产的多空方向，不逆势布局，适时动态调整，就成为避免爆仓的首要条件。

当然如何正确判断标的资产的多空方向是另一项课题，这可以是基本面、技术面、政策面、事件驱动、筹码面……只要效果好，不拘泥于哪一种技巧。期权卖方策略容错率高，是目前市场上唯一看错行情还有可能获利的策略，盘整、盘整待变都算是一种多空看法，不完全只是单纯的"多"与"空"。

保证金使用比例过高，就是资金控管出了问题。实际上我们常常看到投资人账户资金使用率达到了八成甚至更高，若看对行情自然没问题，但这么高的资金使用率代表着可灵活应对的现金比例低，若出现行情剧变且方向不利于整体部位的情况，则很容易出现保证金不足而需追缴，甚至爆仓的情况。我们可以发现交易软件把资金使用比例用"风险度"来代替，这也说明了资金使用比例过高可能带来高风险。

　　回到策略的本质来看，作为一个专业的期权卖方操作者，本就是以稳定的低收益率为诉求的。既然要稳定，就至少要大致了解可能的风险，即标的资产行情变动所带来的风险。而低收益率的"同义词"是安全，为了多一点获利而拉高部位数量、增加保证金使用率，则等于与安全背道而驰。

　　我们看到目前市场上不乏投资人甚至机构在从事卖方策略时，长期（甚至是一直）只以卖出宽跨式策略为主，并不会随着标的资产行情结构的不同而调整。这基本上已达到了爆仓的第一要件——标的资产多空方向不明。毕竟行情不会一成不变地都是震荡整理，波动程度也会随着局势变化而改变。没有把卖方风险的根源找出来并纳入决策考量，就表示离爆仓风险的距离不够远，获利的背后隐藏着巨大的风险，这是采用卖方策略时应时时警惕在心的。

—— 风险控制核心——Delta与Gamma ——

　　在所有的期权软件中，几乎都可以看到令人眼花缭乱的报价画面。其中，又以希腊字母最让初学者感到陌生与遥远。投资者总感觉这些希腊字母与高深的数学脱不了干系，背后一定代表着深奥难懂的高阶公式及运用模式，想到这里就打消了进一步了解它们的念头。它们的难度其实没有想象中那么高，而实用价值却大幅度超越你的想象，因此我们有必要在这里针对希腊字母就实务上常用、有效的部分介绍一下。

　　常用的期权希腊字母有 4 个，分别是：Delta、Gamma、Theta、Vega。其中 Delta 衡量期权合约与标的资产的联动比例，Gamma 衡量期权 Delta 变化的速度，Theta 衡量期权权利金时间价值流失的速度，Vega 则衡量标的资产变动幅度对期权权利金影响的程度。这里面以 Delta 及 Gamma 较具实用价值，撷取重点说明如下。

为什么说 Delta 及 Gamma 较具实用价值呢？因为这两个希腊字母对控制风险特别有效，尤其是对卖方策略的整体部位的控管。先来说说 Delta，由于期权合约分成认购及认沽两大类，其行权价相对于标的资产市价又具有实值、平值及虚值的关系，导致各合约权利金变动与标的资产行情之间有不同比例及方向的变化，跟期货有很大的不同。当我们持续大量且多样地卖出各种期权合约时，往往不知道目前整体部位是偏多方的还是偏空方的，此时通过加总整体部位的 Delta 值，就可以知道行情方向及程度。

以图 2-4 期权报价为例，我们同时卖出 2.75 认沽期权 30 手、2.8 认沽期权 20 手、3.3 认购期权 20 手、3.4 认购期权 30 手，总共卖出 100 手，形成一个卖出宽跨式组合。

认购期权 (Call)							78天			认沽期权 (Put)				
最新价	涨跌	涨跌幅	Delta	Gamma	卖	买		买	卖	最新价	涨跌	涨跌幅	Delta	Gamma
0.2400	▲0.0102	4.44%	0.8299	1.0060	☐	☐	2.750	☐	☑	0.0206	▼0.0119	-36.62%	-0.1581	1.0080
0.2002	▲0.0083	4.33%	0.7729	1.2254	☐	☐	2.800	☐	☑	0.0312	▼0.0151	-32.61%	-0.2184	1.2280
0.1647	▼0.0003	-0.18%	0.7031	1.4139	☐	☐	2.850	☐	☐	0.0450	▼0.018	-28.57%	-0.2879	1.4221
0.1325	▲0.0016	1.22%	0.6266	1.5612	☐	☐	2.900	☐	☐	0.0625	▼0.0213	-25.42%	-0.3650	1.5700
0.1045	▼0.0034	-3.15%	0.5451	1.6437	☐	☐	2.950	☐	☐	0.0848	▼0.0227	-21.12%	-0.4471	1.6412
0.0806	▼0.0044	-5.18%	0.4624	1.6557	☐	☐	3.000	☐	☐	0.1102	▼0.0276	-20.03%	-0.5299	1.6586
0.0460	▼0.0058	-11.20%	0.3100	1.4614	☐	☐	3.100	☐	☐	0.1754	▼0.0283	-13.89%	-0.6812	1.4563
0.0247	▼0.0063	-20.32%	0.1909	1.1147	☐	☐	3.200	☐	☐	0.2543	▼0.0286	-10.11%	-0.7960	1.1103
0.0137	▼0.005	-26.74%	0.1150	0.7664	☑	☐	3.300	☐	☐	0.3419	▼0.0291	-7.84%	-0.8733	0.7724
0.0077	▼0.0037	-32.46%	0.0686	0.5017	☑	☐	3.400	☐	☐	0.4318	▼0.0326	-7.02%	-0.9401	0.4404

图 2-4　同时卖出认沽合约及认购合约形成卖出宽跨式组合

乍看，卖出认沽期权及卖出认购期权各 50 手，似乎在策略布局上偏向中性、不带多空方向。但若把此部位结合实盘报价后再看，你会发现认购期权与认沽期权对标的资产的涨跌反应不一致，浮盈与浮亏不会完全抵消，也就是说这个部位是具有多空方向的，而这背后的原因是各合约间的虚实程度及市场预期心理都不一样。而衡量期权组合部位总的多空方向的就是 Delta。

　　把上述期权部位及数量带入交易软件中，可以发现软件会自动帮你计算出个别合约的 Delta 和及总部位的 Delta（如图 2-5 所示）。此时 Delta 值显示为 47 530，代表当 50ETF 报价上涨 1 元时，此部位权益数将上涨 47 530 元，反之若标的资产价格下跌 1 元，整体部位权益数将下降 47 530 元。上涨对部位有利、下跌对部位不利，整体部位偏多。

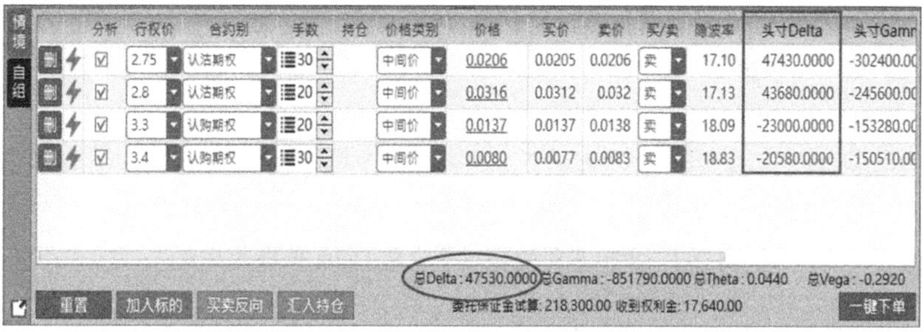

情境		分析	行权价	合约别	手数	持仓	价格类别	价格	买价	卖价	买/卖	隐波率	头寸Delta	头寸Gamr
自组		☑	2.75	认沽期权	30		中间价	0.0206	0.0205	0.0206	卖	17.10	47430.0000	-302400.00
		☑	2.8	认沽期权	20		中间价	0.0316	0.0312	0.032	卖	17.13	43680.0000	-245600.00
		☑	3.3	认购期权	20		中间价	0.0137	0.0137	0.0138	卖	18.09	-23000.0000	-153280.00
		☑	3.4	认购期权	30		中间价	0.0080	0.0077	0.0083	卖	18.83	-20580.0000	-150510.00

总Delta: 47530.0000 总Gamma: -851790.0000 总Theta: 0.0440 总Vega: -0.2920
委托保证金试算: 218,300.00 收取权利金: 17,640.00

重置　加入标的　买卖反向　汇入持仓　　一键下单

图 2-5　总 Delta 值等于个别合约 Delta 值总和

　　我们再看看另外一个例子，一样是卖出宽跨式组合（如图 2-6 所示），卖出认购期权部分不变，但把卖出认沽期权部分的行权价往更虚值一边调整，整体部位修正为 2.65 认沽期权 30 手、2.7 认沽期权 20 手、3.3 认购期权 20 手、3.4 认购期权 30 手。

		认购期权 (Call)									认沽期权 (Put)				
最新价	涨跌	涨跌幅	Delta	Gamma	卖	买	73天	买	卖	最新价	涨跌	涨跌幅	Delta	Gamma
0.3870	▲0.047	13.82%	0.9461	0.3866	☐	☐	2.650	☐	☑	0.0052	▼0.0019	-26.76%	-0.0478	0.3914
0.3398	▲0.0454	15.42%	0.9255	0.5320	☐	☐	2.700	☐	☑	0.0078	▼0.0025	-24.27%	-0.0692	0.5383
0.2957	▲0.0457	18.28%	0.8872	0.7341	☐	☐	2.750	☐	☐	0.0115	▼0.0044	-27.67%	-0.0983	0.7215
0.2500	▲0.0422	20.31%	0.8549	0.9413	☐	☐	2.800	☐	☐	0.0173	▼0.0065	-27.31%	-0.1394	0.9419
0.2099	▲0.0399	23.47%	0.7971	1.1753	☐	☐	2.850	☐	☐	0.0266	▼0.0092	-25.70%	-0.1961	1.1744
0.1725	▲0.0369	27.21%	0.7302	1.3930	☐	☐	2.900	☐	☐	0.0385	▼0.0134	-25.82%	-0.2620	1.3952
0.1385	▲0.0326	30.78%	0.6543	1.5751	☐	☐	2.950	☐	☐	0.0547	▼0.0173	-24.03%	-0.3389	1.5690
0.1093	▲0.0277	33.95%	0.5710	1.6829	☐	☐	3.000	☐	☐	0.0750	▼0.0223	-22.92%	-0.4219	1.6785
0.0651	▲0.0199	44.03%	0.4037	1.6407	☐	☐	3.100	☐	☐	0.1300	▼0.0309	-19.20%	-0.5888	1.6377
0.0367	▲0.0124	51.03%	0.2621	1.3528	☐	☐	3.200	☐	☐	0.2018	▼0.0376	-15.71%	-0.7274	1.3422
0.0211	▲0.0073	52.90%	0.1644	0.9842	☑	☐	3.300	☐	☐	0.2853	▼0.0424	-12.94%	-0.8244	0.9843
0.0125	▲0.0041	48.81%	0.1028	0.6764	☑	☐	3.400	☐	☐	0.3811	▼0.0405	-9.61%	-0.8621	0.7169

图 2-6　卖出不同合约、数量相同的宽跨式组合

把调整后的新部位带入软件，从图 2-7 中可以发现新的投资组合 Delta 值总和已从前一个例子的 47 530 变成-35 540。代表当 50ETF 报价上涨 1 元时，此部位权益数将下跌 35 540 元，反之若标的资产价格下跌 1 元，则整体部位权益数将上涨 35 540 元。上涨对部位不利、下跌对部位有利，整体部位偏空。

图 2-7　卖出不同的合约导致总 Delta 值跟着改变

造成 Delta 值由正转负的原因是在这个例子中卖出认沽部位比之前更偏虚值了，与标的资产的联动性更低，Delta 值变得较小，而卖出认购部位不变，故总和往负值移动。

比较这两个例子可以得知，一样都是卖出认购与认沽各 50 手，乍看都是卖出宽跨式、赚取盘整格局下时间价值递减的策略。但从部位总 Delta 值可以发现，第一个例子的部位较为偏多，第二个例子的部位则较为偏空。从长周期来看都是盘整，但短线涨跌则会有截然不同的影响。

值得注意的是，Delta 值并不是静止不动的，它会随着行情进一步发展而反向变化，操作者可视情况动态调整，这也是 Delta 在实盘操作中最重要的运用，后面会有详细讨论。但先知道当整体部位静止时 Delta 值所代表的意义，是灵活运用 Delta 的第一步。

小结论：所有做多的策略或部位，都是正的 Delta 值；所有做空的策略或部位，都是负的 Delta 值。换言之，若整体部位的总 Delta 值为正值，则代表此部位偏多，上涨对部位有利；若整体部位的总 Delta 值为负值，则代表此部位偏空，下跌对部位有利。Delta 绝对值越大，代表多空程度越高。

策略或部位偏多→正 Delta 值

策略或部位偏空→负 Delta 值

组合部位总 Delta 值为正值→部位偏多

组合部位总 Delta 值为负值→部位偏空

另一个重要的希腊字母 Gamma，其代表的是 Delta 的变化加速度，数字越大，代表加速度越快，而在期权合约来到平值时达到最大值。在实盘运用上，Gamma 值增加代表权利金增加的单位量提高（也就是单位 Delta 逐步放大），以虚值合约为例，Gamma 值越大意味着合约进入实值的概率越大、速度越快，权利金因此变高，对买方有利。此外，速度加快也反映市场对行情续航力预期增强，投资者更有意愿追价买进，进而引导更多买盘进驻而推升权利金，对买方有利。

买方的机会就是卖方的风险。卖方会因为权利金增加的单位量提高而增加被逼空，甚至爆仓的风险，行情续航力升高也代表了逆势卖方部位浮亏持续加大的可能性，因此 Gamma 是卖方的风险增量指标。

Gamma 对买方有利、对卖方不利，因此买方部位不管做多的买进认购，还是做空的买进认沽，都有正的 Gamma 值；而卖方部位，不管看不涨偏空的卖出认购，还是看不跌偏多的卖出认沽，都有负的 Gamma 值。越靠近平值，Gamma 的绝对值越大。从图 2-5 及图 2-7 的部位列表中可以看出，由于都是卖方部位，因此 Gamma 值都是负数，数字越大代表影响程度越高。

买进认购、买进认沽→正 Gamma 值

卖出认购、卖出认沽→负 Gamma 值

与 Delta 一样，Gamma 也会随着行情变化而跳动，结合行情看法及期权策略动态调整的运用，对于卖方控制风险有很大的参考价值。

在多数情况下，卖方组合部位通过 Delta 正负值来主控部位多空方向及风险大小，将 Gamma 值作为辅助手段，观察整体部位 Gamma 值或个别部位 Gamma 值来推论行情变化后可能的 Delta 消长，进一步达到静态与动态的均衡考量，不会顾此失彼。

举例来说，我们研判行情短线将有多头走势机会，但还不至于出现长多格局。在此基础下，维持原有的卖出远月深虚认购合约不变（3.4 认购合约，50 手），加买近月浅虚认购合约（3.2 认购合约，60 手）。此处买进的浅虚认购合约，一方面是研判行情短线走多的投机部位，另一方面也是保护卖出远月深虚认购的保险部位。

如图 2-8 所示，从软件中计算后得知，此组合部位总 Delta 值为 -21 530（30 720-52 250），总 Gamma 值为 379 500(743 700-364 200)。乍看，总 Delta 值为负值，表示目前此组合部位偏空。由于看法转向短线偏多方，若行情真的上涨，卖出远月 3.4 认购合约所增加的亏损将会比买进近月认购合约所增加的获利大，整体部位呈现行情上涨却反向损失的情况，因此会让人有想要买入更多的认购以让整体部位 Delta 值转正才符合行情看法的念头。

分析	行权价	合约别	手数	持仓	价格类别	价格	买价	卖价	买/卖	隐波率	头寸Delta	头寸Gamma
	3.2	认购期权	60		中间价	0.0018	0.0017	0.0018	买	16.70	30720.0000	743700.0000
	3.4	认购期权	50		中间价	0.0121	0.012	0.0122	卖	17.89	-52250.0000	-364200.0000

图 2-8　加买近月合约形成 Delta 值总和＜0、Gamma 值总和＞0

但其实这只是静态的推论，完整的分析应该把后续行情可能产生的动态变化考量进去。我们以行驶中的列车速度变化为例来说明上述两个部位对总盈亏的影响，Delta 代表的是列车的速度，Gamma 代表的是列车的速度变化，也就是加速度。

从静态的角度来看，卖出 3.4 认购合约的看不涨列车（简称为赔钱的 A 列车）目前速度为–52 250；而买入 3.2 认购合约的积极看涨列车（简称为赚钱的 B 列车）速度则为 30 720。52 250 大于 30 720，表示目前 A 列车的行进速度比 B 列车快。

进一步结合加速度来看，虽然现在 B 列车速度较慢，但加速度（743 700）却比 A 列车的加速度（364 200）快，随着时间推移，B 列车将会追上 A 列车。

把速度换成盈亏、把列车换成部位，上面的例子可以换成期权专业的说法：由于买进认购部位的 Gamma 绝对值（743 700）比卖出认购的 Gamma 值（364 200）大，代表行情上涨时，买方的 Delta 值增加速度比卖方 Delta 值的增加速度快，因此在涨到一定程度后，买方 Delta 的绝对值将追上甚至超过卖方，也就是买方浮盈增加的速度会比卖方浮亏增加的速度快，形成追上打平甚至超过的情况，整体部位转为上涨时浮盈增加。

因此从动量的角度来看，这个部位其实对偏短多有利。之所以不买进更多的认购部位，是因为整体看法以短多为主，较长周期的策略是以赚取时间价值为主的卖方部位，买越多的认购部位，就代表赚取时间价值的获利空间越小。通过将 Delta 与 Gamma 结合运用，同时把静态与动态的状况均衡考量进去，可以为部位整体布局的调整提供重要参考。

第三章
看方向与不看方向的期权操作

—————— 何谓看方向 ——————

看方向的英文为 take view，view 指的是看法，也就是多空看法。take view 就是在期权操作的决策过程中，先把对标的资产的多空方向确定下来，再据此制定策略。我们熟知的看大涨而买进认购期权、看大跌而反向买进认沽期权，其实就是最基本的看方向的期权操作。

而不看方向指的自然就是在制定期权操作策略的过程中，并不重点考虑明确的多空方向，最常见的就是波动率套利交易策略。此策略通过观察某特定期权合约历史波动率与隐含波动率的差值（Spread）变化，或是期权合约间的隐含波动率敞口大小，来做"空强买弱"（放空价格较强的、买进价格较弱的期权）的套利交易。

如前所述，隐含波动率是影响期权权利金价格变化的三大要素之一，任何对隐含波动率的高估或低估，都代表着对权利金的高估或低估，从而有了获利的机会。由于高估和低估是相对的概念，因此在交易上大部分是一多一空的套利组合，若是纯粹的裸部位布局，则投资者将会因为其他变数的存在而面临较大的风险。

———— 看方向的操作逻辑及常见策略 ————

延续股票及期货的惯性思维，多数投资人本身就具有先分析行情、再制定策略的操作基因，因此延伸到操作期权的层面上，来理解看方向这个概念并不难，差别只在于能否融会贯通。所谓"融会"，就是结合多空看法及期权策略这两个领域，如果说"看得准、做得好"是获利的条件，那么"看得准"就是多空看法有效，"做得好"就是期权策略得宜；至于"贯通"，就是在融会的基础上，做到对点、线、面的全面理解与综合运用。

比如，你分析今天的行情将上涨，在这个基础上，你知道买入认购期权是看涨的策略，并因此进行布局。这就是一种"融会"，结合了多空看法与期权策略的操作。

但想一下就可以发现，"买入认购期权"尚有很多细节需要厘清（不像股票或期货直接动手下单即可），比如，买哪一个行权价合约？用多少资金买？一次买足还是分批买进……种种需要确认的细节，这会让初入期权市场的投资人感到困惑。

其实问题的层次还远不止如此，买入认购期权仅仅是众多看涨策略中的一种。投资者对多头行情有更多的细节看法（比如大涨长多、短多或是震荡走多等），就会有更多不同的看涨策略可以选择，例如买进认购期权、卖出认沽期权、牛市垂直价差、合成期货策略等。如何在多种期权策略中，结合你对行情的看法选择适当的期权策略，发挥期权特性最好的损益效果，这就是"贯通"。

值得特别说明的是，在大多数需要看方向的期权操作中，策略能否获利的关键在于能否"看对方向"。方向看对是获利的决定性因素，期权策略的正确选择则能发挥锦上添花的效果。换句话说，若方向大幅度看错，就算选对了策略，也只能降低损失，并无法力挽狂澜，这是在看方向操作上，需要事先厘清的重要观念，期权策略与多空看法的相互关系如表 3-1 所示。

表 3-1　期权策略与多空看法的相互关系

多空看法	期权策略	
	选对	选错
看对	获利加大	获利减少
看错	损失减少	损失扩大

　　既然"融会贯通"是把看方向期权的操作发挥最大效果的关键，那么这里说的"贯通"是不是代表着要把期权高达数十种的组合策略——学会，方能达到最好的运用效果呢？答案是否定的。古往今来，操作的精髓就在于化繁为简、以简驭繁，以笔者多年来的期权操作经验来看，只要在看方向部分有一定的精准度，使用四大基础策略（买入看涨期权、卖出看涨期权、买入看跌期权、卖出看跌期权）及相关的简易变化及避险方式就可以达到很好的效果，不必舍近求远。

　　以下列举在多空方向明确的前提下，常用的期权策略及避险方式。

● 看多格局：买入认购期权、卖出认沽期权、牛市垂直价差（可作为前两项基础策略的进阶变化）。

● 看空格局：买入认沽期权、卖出认购期权、熊市垂直价差（可作为前两项基础策略的进阶变化）。

● 盘整格局：卖出跨式策略、卖出宽跨式策略。

● 盘整待变格局：买入跨式策略、买入宽跨式策略。

　　可以发现，在多空方向明确的格局下，四大基础策略就足以应付常见操作需求。而在盘整或盘整待变的格局中，由于多空看法趋于中性（但也算是一种多空看法），因此在建仓时才会考虑直接建立组合部位。

在实盘的情况下，策略会因为资金规模大小、多周期的多空看法、风险承受能力等因素而微调，没有绝对的标准版本。举例来说，在确立积极看多的前提下，策略首选自然是买入认购期权。但考虑到或有震荡偏多的可能性，纯粹地买入认购期权可能面临时间价值耗损的风险，因此搭配卖出认沽期权，形成以大涨时买方赚取倍数报酬、小涨时卖方赚取时间价值的进可攻、退可守策略，就是一种顺应不同盘势（大涨或小涨）、考虑行情不如预期时的做法。

再举另一个多周期多空看法的例子。假设今天认为行情将呈现短多长空格局，在短多的基础上，前述的策略包含买入认购期权、卖出认沽期权等，但搭配了长空的格局之后，就会有更多的考虑：也许是买入策略的短进短出、严设止盈点；也许是买入近月、浅虚值的认购合约（短多），搭配卖出远月、深虚值的认购合约，形成一个非传统的牛市价差策略。

可以发现，随着一些变数的加入，期权策略的布局会有所不同。在步骤上则以多空看法为基础，从多空看法出发，进一步加入细微的变数将策略进行微调，之后拟定最适当的操作策略。

——— 不看方向的操作逻辑及常用策略 ———

金融市场博大精深，每个投资者的成长环境、价值观、个性习惯、投资目标等不同，造成对交易的判断会有所不同，因此有时候你会觉得很奇怪，明明现在很明显处于多头趋势，为什么会有对手方愿意当空头跟你对打，其实这没有对错，只有赚到钱，而且是长期在市场中能赚钱才是王道。

有些投资者在期权市场做久了，会认为准确判断行情多空是不可能的，或许偶尔能判断对，但要长期都判断对就很难，于是需要使用期权的各种策略，利用波动率的回归等比较有确定性的盈利方法，弥补在方向上无法看准的遗憾。因此，即使你常常看不准方向也别怕，在期权市场里，你依然有生存空间，但要花更多心血去研究波动率交易。

投资者在跟别人讨论行情时，常陷入争执状态，最后甚至吵起来，都觉得自己对行情有把握，只记得自己赚钱的案例，将亏钱的记忆深藏心中。如图 3-1 所示，假设行情在图中的圈 1 时，你参加了某个活动，与某位投资者讨论起行情，他觉得近期要做空，你觉得要做多，双方都提出了很多靠谱的理由，那到底你们谁是对的，谁才能赚钱呢？

如果那位投资者在图 3-1 的圈 1 做空，在圈 2 平仓出场，那他就赚钱了，而如果你在图 3-1 的圈 1 做多，在圈 3 平仓出场，你也赚钱了。哈，这是不是很美好，大家都赚钱。但同样的案例倒过来，也可能你们都亏钱，这也是金融交易神奇的地方，投资者分析的周期、特性、角度不一样，就没有可比性，重点是你找到适合自己的方法，认真去实践和优化。

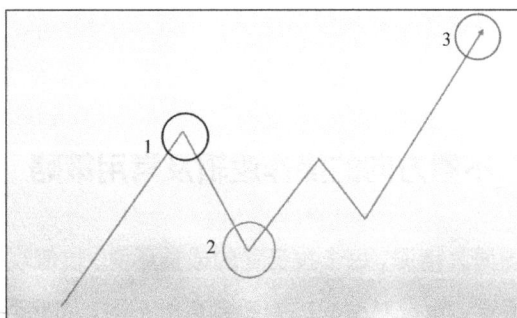

图 3-1　常见行情走势

在实际操作上，对于一般投资者而言，很难不看方向，但对于这个"方向"的理解，有别于传统交易者的认知。比如，我们可以把上涨拆分为小涨、大涨、涨的概率低但不怕跌、横盘、横盘后突破、大涨但隐含波动率下跌、不确定涨跌但隐含波动率会涨、近月涨幅大于远月等，还有更多情境可以利用；多空可以同时存在于你的持仓部位里，对冲的概念会融入你的交易思维，借助隐含波动率的偏差来提升胜率更是你需要培养的习惯。总而言之，期权能减少你看错方向的损失，也能增加你准确细分行情后的盈利。

你需要避开哪些坑

期权市场的新手，对于期权新世界总是充满期待的。

能有高达数十倍甚至百倍的获利，是大多数投资者进入期权市场的最大理由。一夜致富、一朝翻身吸引着无数投资者进入期权市场，希望一圆自己的致富梦，即使在多次交易以后，发现倍数获利没有想象中那么容易，执迷不悟的人也还有很多，哪怕次次归零也乐此不疲。

作为一个新手，第一个要避开的坑是对于期权获利过于乐观的认知。

这并不是说我们否定了倍数获利的可能性，虽然期权买方策略具有获利与损失不对称的特点，可以减缓损失带来的冲击，但是投资学中"高收益伴随高风险"的铁律依旧没有改变，只是换了个形式而已。认清这个现实，你才算避开倍数获利美丽糖衣的陷阱。

期权新手容易遇到的第二个坑，就是沿用传统投资思维来看待期权市场。

在现实中很少有没做过其他金融商品就投入期权市场的人，进入期权市场的人多半都有投资股票甚至期货的经验。在初次遇到期权时，就算已经知道期权的特性迥异于股票、期货，但人们在思考决策、参与操作的过程中，还是难免会用过去操作股票、期货的经验来操作期权，进而影响决策。其中最明显的例子，就是买方部位被套牢后投资者仍死扛不肯止损出场。

投资者在买入期权部位被套牢后不肯平仓出场、最后落得归零的原因是，认为期权买方损失有限，在最大亏损已确定的情况下风险有限，因此选择不平仓出场。但更能解释这种不符合专业操作现象的是，投资者加入了操作股票的思维：既然下档损失有限，就算盈利概率再低，只要持有部位就有希望反败为胜。

要知道衍生品的特性完全不同于股票，先不讨论当股票被套牢了死扛不出场是否正确，至少股票表彰的是公司的价值，只要公司不倒闭，股票就没有到期的问题；但衍生品本身有结算或到期的限制，当被套牢时选择不出场，那么部位转亏为盈的概率将随着最后交易日的逼近而降低。加上买方部位本身又有时间价值递减的特性，被套牢部位将同时承受着剩余时间的减少及权利金的逐渐耗损，两项因素都不利于反攻，将大幅增加起死回生的难度。

当然沿用传统投资思维来看待期权市场的例子不仅如此，期权权利金非线性的变化也会让投资者在初接触期权时感到迷惑，甚至产生误解。笔者曾经遇到股市老手讲述他对期权市场的体验心得：看好标的资产后续行情走势而买入认购期权，但之后却出现标的资产上涨、手中期权部位下跌的情况。看对行情、做对策略，却没有获利的现象，让他百思不得其解，认为期权与诈骗没有分别。

在股票市场中，看涨做多、看跌放空都能获利，投资者在投资股票经验的驱使下，自然认为期权的价格变化也如此。殊不知期权权利金受到时间价值递减特性的影响，买方看好行情买入认购期权，即使标的资产价格上涨，认购期权价格也不一定会涨，甚至可能反向下跌而亏损。投资者看到这种现象会无法理解，进而排斥期权，这其实是因为投资者不了解影响权利金变动的因素，除涨跌的多空方向外，时间及隐含波动率等也都是其中的变数。

从头开始认识期权、好好学习期权的特性、细细比较期权与过去熟知的股票及期货的异同之处，是新手踏入这个市场该有的正确态度及方法。投资人过去在股票及期货市场的投资经验有其参考价值，但却不足以应对这个新市场。

期权新手容易遇到的第三个坑，是在买方策略及卖方策略之间选边站。

常看到的状况是这样的：新同学怀抱着倍数获利的希望来到期权市场，积极买入期权却屡战屡败、频频归零。之后弃暗投明开始从事卖方策略，持续获利的情况振奋人心，感觉找到了稳健获利的致富法则，却在持续获利一段时间之后，一夕爆仓。

如同人生并非是非题一般，期权操作也不是在买方和卖方之间选边站。孙子兵法有云："兵无常势，水无常形。能因敌变化而取胜者，谓之神。"真正的高手，会因为判断出行情可能的变化灵活调整策略，不拘泥于窠臼。当势起时，波涛汹涌、水涨船高，此时力道汇集，方向、速度、预期等因素水到渠成，买方乘势而上，自然势如破竹；当势落时，气力放尽、盛极而衰，风起云涌过后归于平静，格局恢复休养生息，卖方再度掌握优势，尽赚时间价值。

买方与卖方，如同阴阳与日月，没有好与坏，只有适用时机。该做买方时做买方、该做卖方时做卖方，掌握了获利契机，也就避免了爆仓危机。把自己局限在买方或卖方的二选一中，就会画地为牢，陷自己于风险之中。

期权新手容易遇到的第四个坑，是被期权的复杂度所困惑。

不可否认，期权有一定的专业度，但很多学术理论或数学公式对于实战都派不上太大用场，看这种资料越多，让你越害怕期权，这些资料甚至可能还是过时的，看越多，越迷惘，人们对于期权的理解也在不断强化，只是这学问不是像数学或物理那种严格的科学，而是偏向社会科学，需要靠经验反馈、洞察人性、创新思维。除非你要做学术，不然对于各种期权模型都不需要深入了解，甚至不要相信模型可以预测行情，提升自己对期权工具的熟练度和对市场的敏感度才是最重要的。

以上四个坑仅是笔者列举的常见新手陷阱，在实际操作中有更多的例子能说明，新手在没充分准备好的情况下匆忙入场将无法应付变化多端的行情及策略。在一个讲求"多算胜、少算不胜"的新金融商品上，充分了解期权特性及获利条件，是成为期权市场赢家的不二法门。

第四章

不看方向的期权战法

—————— 为什么可以不看方向就能赚钱 ——————

期权是厉害的工具，其核心是研究标的。有别于传统的股票、期货只能看方向赚钱，期权还能利用时间和波动率赚钱。图 4-1 清楚展示了期权的三维特性，如果你只看对其中一个，那么你大概率会亏钱，如果看对其中两个，就能赚钱，如果三个全都看对，就能赚很多钱。

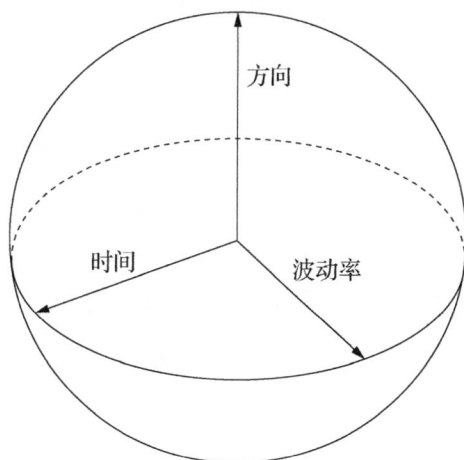

图 4-1　期权的三个维度

时间只有一个可能，就是不断流逝，而且是以固定的速度流逝，人类无法改变。后面会花很多篇幅说明在方向上如何做判断，这里就仔细讲讲波动率，这是期权的核心。

真正纯粹利用波动率差异赚钱的个人投资者很少，能利用其赚钱的大多是很专业的投资机构，操作的策略叫波动率套利。如果个人投资者要利用波动率来盈利，就要对标的走势有一定的想法，因为两者会有关联。假设你预期50ETF在见顶后，短期内可能会快速下跌，即使没跌，隐含波动率也会拉升，如此可以在买期权搭配对冲方向后，赚取纯波动率的钱，这也是一种主观看法。再假设你预测豆粕这个月会震荡休整，于是用了双卖策略，这也是一种方向看法，搭配了做空波动率的判断。

那么什么是波动率呢？这个波动率指的是隐含波动率、预测波动率，还是历史波动率？

10分钟搞懂隐含波动率

先来想一个问题，你如何判断权利金是贵还是便宜？换句话说，你如何判断这次买保险的保费是不是贵了，这次买的彩票是不是便宜？大家买东西总会比较价格吧，比如，这件衣服昨天在京东上还卖100元，今天却卖120元，变贵了，不买了。但淘宝上只卖90元，好便宜啊，"买买买"。这就是做交易的基本技巧，即比较价格。同样在期权的权利金上，你也需要判断其是贵还是便宜，这里就问你一个问题，如果今天3.0认沽期权是500元，明天变成520元，那么请问它是贵了还是便宜了？

你肯定会想，520元比500元多，那就是变贵了啊，小学生都知道！是吗？如果 3.0 认沽期权变成 520 元的这天 50ETF 大跌 6%，这样还是变贵吗？很明显是变便宜了，又或者在行情不动的情况下过了 10 天，3.0 认沽期权还是 500 元，这样是不是变贵了？

类似的难题还有，茅台每股 1000 元算贵吗？比买其他股票贵吗？这无法只从绝对价格来判断，因此出现了市盈率这个指标。通过市盈率，我们就能快速比较各只股票间的昂贵程度。同样的道理，在期权市场上，我们用隐含波动率这个指标来衡量权利金是否昂贵。

如图 4-2 所示是咏春软件的期权报价，我们除了关心权利金买卖价格外，还会常看隐含波动率，隐含波动率的英文是 Implied Volatility，简写为 IV，在图里就是以 IV 呈现的，每个行权价合约都有自己的 IV，但 IV 是怎么来的呢？

认购期权 (Call)											认沽期权 (Put)									
卖价	最新价	买价	涨跌	涨跌幅	持仓量	IV涨跌	IV	卖	买	36天	买	卖	IV	IV涨跌	持仓量	涨跌幅	涨跌	买价	最新价	卖价
0.2702	0.2695	0.2695	▲0.0028	1.05%	5124	0.05	15.01	□	□	2.750	□	□	16.15	-0.17	24562	-12.50%	▼0.0003	0.002	0.0021	0.0021
0.2218	0.2215	0.221	▲0.0028	1.28%	6024	0.14	14.72	□	□	2.800	□	□	14.92	-0.03	33798	-8.11%	▼0.0003	0.0032	0.0034	0.0034
0.1736	0.1736	0.1735	▲0.0019	1.11%	11531	-0.39	13.33	□	□	2.850	□	□	14.03	-0.10	86231	-8.82%	▼0.0006	0.0061	0.0062	0.0062
0.1313	0.1312	0.1312	▲0.0018	1.39%	22567	-0.15	13.67	□	□	2.900	□	□	13.50	-0.32	108346	11.03%	▼0.0015	0.0121	0.0121	0.0122
0.092	0.0919	0.0919	▲0.0009	0.99%	51148	0.27	13.19	□	□	2.950	□	□	13.30	-0.36	126711	8.95%	▼0.0023	0.0233	0.0234	0.0234
0.0598	0.0598	0.0597	▼0.0008	-1.32%	172252	-0.56	12.97	□	□	3.000	□	□	12.85	-0.69	160019	-9.44%	▼0.0042	0.0403	0.0403	0.0404
0.0219	0.0219	0.0218	▼0.0007	-3.10%	258530	-0.39	13.52	□	□	3.100	□	□	13.58	-0.30	67097	-3.11%	▼0.0033	0.1026	0.1027	0.1027
0.007	0.0070	0.0068	▼0.0002	-2.78%	187631	-0.20	14.37	□	□	3.200	□	□	14.78	-0.10	33006	-1.52%	▼0.0029	0.1871	0.1880	0.188
0.0029	0.0028	0.0028	▲0.0001	3.70%	47797	0.06	16.11	□	□	3.300	□	□	17.49	1.19	3805	-0.56%	▼0.0016	0.2833	0.2841	0.2845
0.0017	0.0016	0.0016	▼0.0001	-5.88%	20401	-0.19	18.53	□	□	3.400	□	□	19.76	-0.59	3673	-0.86%	▼0.0033	0.3818	0.3819	0.3831
0.001	0.0010	0.0008			8791	0.30	20.80	□	□	3.500	□	□	22.50	-0.78	1004	-0.66%	▼0.0032	0.481	0.4809	0.4822

图 4-2　50ETF 期权报价

隐含波动率不会凭空出现，它是靠数学模型计算而来的，把权利金的数字丢进模型，就出现相对应的隐含波动率数值，而这个模型，就是有名的 BS 模型（Black-Scholes-Merton Option Pricing Model，期权定价模型），如图 4-3 所示。别慌，我们不讲数学，我们知道怎么用 BS 模型就可以，期权定价就靠它了。虽然该模型的假设也存在问题，但因为模型好用，所以大家就一直在用。

图 4-3　权利金与隐含波动率的关系

总结一下，隐含波动率是市场投资者对市场未来趋势波动的预期，买期权的需求上升，那么权利金就会上升，隐含波动率也就变大，预期标的商品未来的波动变大，买方期待手中的期权价格翻倍，此时付出的权利金就比较高，因此可以用隐含波动率来判断权利金是否被高估，如表 4-1 所示。

表 4-1　隐含波动率帮助判断权利金是否被高估

	今天	明天	情况
3.0 认购期权权利金	权利金 600 元	权利金 650 元	不知道是否变贵了
3.0 认购期权权利金	IV 15.2	IV 14.9	从 IV 看其实是变便宜了

10分钟搞懂历史波动率

除了隐含波动率外，还有一个被经常提到的波动率就是历史波动率，这个波动率是标的商品过去一段时间实际的波动情况。

实际的波动要计算出一个值，也是有很多种公式可以用的，因为考虑的因素复杂度不同。例如，是否只要计算每天收盘价的差距呢？跳空要不要计算？每日最高价、最低价要不要计算？越靠近现在的价格是不是越重要？解决这些问题所使用的公式是不同的。别慌，我们不是搞学术，而是要做投资，用类似下面这个简单方法计算出历史波动率就够用了。

第一步：计算标的商品日对数收益率。

这个步骤其实就是在计算每日涨跌幅度，只是用了对数收益率的概念。如图 4-4 所示，我们用 Excel 表做示范，你也可以一步步跟着做。

	C5		fx	=LN(B5/B4)
	A	B		C
3	日期	收盘价(元)		对数收益率
4	2019/8/22	2.923		
5	2019/8/23	2.963		0.013591782
6	2019/8/26	2.914		-0.016675561
7	2019/8/27	2.934		0.006839972
8	2019/8/28	2.912		-0.007526549
9	2019/8/29	2.901		-0.003784625
10	2019/8/30	2.916		0.005157309
11	2019/9/2	2.94		0.008196767
12	2019/9/3	2.939		-0.000340194
13	2019/9/4	2.973		0.011502157
14	2019/9/5	3.004		0.01037319
15	2019/9/6	3.037		0.010925452
16	2019/9/9	3.032		-0.001647718
17	2019/9/10	3.021		-0.003634565
18	2019/9/11	3.007		-0.004644998
19	2019/9/12	3.047		0.013214596
20	2019/9/16	3.034		-0.004275619
21	2019/9/17	2.987		-0.015612342
22	2019/9/18	3.003		0.00534225
23	2019/9/19	3.007		0.001331115
24	2019/9/20	3.013		0.001993356
25	2019/9/23	2.981		-0.010677445
26	2019/9/24	2.987		0.002010725
27	2019/9/25	2.977		-0.003353457
28	2019/9/26	2.978		0.000335852
29	2019/9/27	2.978		0
30	2019/9/30	2.945		-0.011143117
31	2019/10/8	2.968		0.007779508
32	2019/10/9	2.971		0.001010271

图 4-4 计算 50 ETF 对数收益率

第二步：计算 X 日期间内收益率的标准差。

有了每天的对数收益率，我们可以确定 X 日期间的均值，然后计算这段期间内收益率的浮动，也就是标准差。这个 X 的取值可根据你的需求设置，默认使用 22，因为 1 个月大约有 22 个交易日，如图 4-5 所示。

	A	B	C	D
			fx	=STDEV.S(C5:C26)
3	日期	收盘价(元)	对数收益率	收益标准差
4	2019/8/22	2.923		
5	2019/8/23	2.963	0.013591782	
6	2019/8/26	2.914	−0.016675561	
7	2019/8/27	2.934	0.006839972	
8	2019/8/28	2.912	−0.007526549	
9	2019/8/29	2.901	−0.003784625	
10	2019/8/30	2.916	0.005157309	
11	2019/9/2	2.94	0.008196767	
12	2019/9/3	2.939	−0.000340194	
13	2019/9/4	2.973	0.011502157	
14	2019/9/5	3.004	0.01037319	
15	2019/9/6	3.037	0.010925452	
16	2019/9/9	3.032	−0.001647718	
17	2019/9/10	3.021	−0.003634565	
18	2019/9/11	3.007	−0.004644998	
19	2019/9/12	3.047	0.013214596	
20	2019/9/16	3.034	−0.004275619	
21	2019/9/17	2.987	−0.015612342	
22	2019/9/18	3.003	0.00534225	
23	2019/9/19	3.007	0.001331115	
24	2019/9/20	3.013	0.001993356	
25	2019/9/23	2.981	−0.010677445	
26	2019/9/24	2.987	0.002010725	0.008834193
27	2019/9/25	2.977	−0.003353457	0.008411231
28	2019/9/26	2.978	0.000335852	0.007519243
29	2019/9/27	2.978	0	0.007406293
30	2019/9/30	2.945	−0.011143117	0.007633686
31	2019/10/8	2.968	0.007779508	0.007721363
32	2019/10/9	2.971	0.001010271	0.007666431

图 4-5　计算 50 ETF 收益标准差

第三步：换算为年化历史波动率。

第二步计算出来的标准差已经可以算是波动率了，但它是日波动率，一般我们习惯看的是年波动率，所以需要再乘以 $\sqrt{252}$（因为 1

年约有 252 个交易日），如此就能得出历史年化波动率，如图 4-6 所示。

	A	B	C	D	E
				E26	=SQRT(252)*D26
3	日期	收盘价(元)	对数收益率	收益标准差	历史波动率（HV）
4	2019/8/22	2.923			
5	2019/8/23	2.963	0.013591782		
6	2019/8/26	2.914	-0.016675561		
7	2019/8/27	2.934	0.006839972		
8	2019/8/28	2.912	-0.007526549		
9	2019/8/29	2.901	-0.003784625		
10	2019/8/30	2.916	0.005157309		
11	2019/9/2	2.94	0.008196767		
12	2019/9/3	2.939	-0.000340194		
13	2019/9/4	2.973	0.011502157		
14	2019/9/5	3.004	0.01037319		
15	2019/9/6	3.037	0.010925452		
16	2019/9/9	3.032	-0.001647718		
17	2019/9/10	3.021	-0.003634565		
18	2019/9/11	3.007	-0.004644998		
19	2019/9/12	3.047	0.013214596		
20	2019/9/16	3.034	-0.004275619		
21	2019/9/17	2.987	-0.015612342		
22	2019/9/18	3.003	0.00534225		
23	2019/9/19	3.007	0.001331115		
24	2019/9/20	3.013	0.001993356		
25	2019/9/23	2.981	-0.010677445		
26	2019/9/24	2.987	0.002010725	0.008834193	14.02%
27	2019/9/25	2.977	-0.003353457	0.008411231	13.35%
28	2019/9/26	2.978	0.000335852	0.007519243	11.94%
29	2019/9/27	2.978	0	0.007406293	11.76%
30	2019/9/30	2.945	-0.011143117	0.007633686	12.12%
31	2019/10/8	2.968	0.007779508	0.007721363	12.26%
32	2019/10/9	2.971	0.001010271	0.007666431	12.17%

图 4-6　计算 50 ETF 年化历史波动率

按照以上步骤，能够算出任何标的商品的历史波动率。至于为什么这样计算，在这里就不深入讲了，有兴趣的读者可以去找统计学的书读一读，不想自己计算的读者，也可以直接参考期权软件的计算结果，如图 4-7 所示是咏春软件里 50ETF 的 20 天历史波动率。

如果标的商品的价格每天都大幅浮动，它的历史波动率就会高，隐含波动率也会被带起来，两者是有相关性的，毕竟人类天生有经验主义倾向，需要依靠过去发生的事来预测未来，金融市场尤其容易受情绪影响。然而，现实往往是残酷的，投资者容易在市场有激情时高估未来的波动率，在市场经历一段低迷震荡行情后，又低估未来的波动率。

图 4-7　50 ETF 2019 年部分历史波动率

什么是波动率微笑曲线

打开任何一款期权软件，都能看到每个行权价合约自己的隐含波动率，将每个合约的隐含波动率数值连成线，就会形成如图 4-8 所示的走势，横轴是 50 ETF 行权价，纵轴是隐含波动率，也就是波动率微笑曲线。

微笑曲线会上下移动、左右移动、顺时针转、逆时针转、斜率改变等，因此用统计套利等方法，可以获取价差利润，这也是专业机构做波动率套利的基本逻辑。

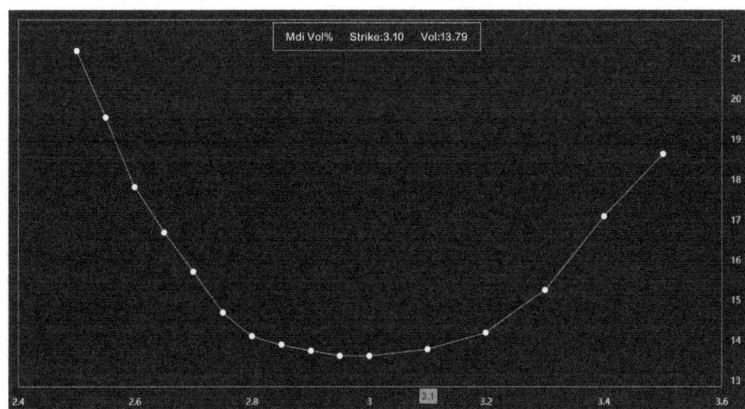

图 4-8　咏春大师软件上的波动率微笑曲线

前面我们提到，隐含波动率来自 BS 模型，然而根据 BS 模型的对数正态分布假设（见图 4-9），无论是哪个行权价，都预测同一个标的（例如 50ETF）的未来波动率，因此每一个行权价权利金推导出的隐含波动率都应该是一样的，也就是没有微笑，而是一条枯燥的水平线。

正态分布

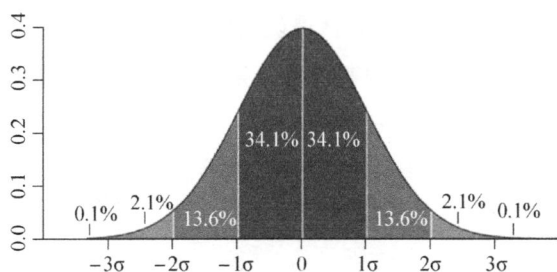

图 4-9　正态分布

模型如此美好，大家用得好好的，没有人对 BS 模型有怀疑，直到 1987 年 10 月 19 日，美股瞬间暴跌，指数几乎跌掉四分之一，这种崩溃属于"27 个标准差外事件"，发生的概率为 $1/10^{160}$，很多做衍生品的投资者爆仓，甚至永远退出资本市场。

于是期权投资者重新思考，认为金融市场的价格并不是正态分布的，三个标准差之外的事件比想象中还常发生，且具有"肥尾"特性，用大白话解说一遍，就是极端事件比正态分布假设的还多。你可能会想，这些设计模型的人怎么如此天真，用一个明显不符合实际的分布进行假设。如果你这样想，就小看正态分布了，大部分数据统计出来都具有正态分布特性，例如全世界人类的身高、体重、寿命等，只是金融市场太特别，人性的贪婪恐惧情绪造成特殊情况下的市场波动加大。因此，自 1987 年后，虚值期权的重要性被看重，使得权利金定价的重要性被提升，隐含波动率的重要性联动推升，形成了我们现在看到的微笑曲线。

不是每个标的商品的这种微笑曲线都是一样的，之前看到的 50 ETF 期权隐含波动率曲线，看似对称，但左边认沽部分的曲线通常比较高（由于流动性问题，通常只取虚值和平值的数值来画线，使得曲线左边代表虚值认沽隐含波动率，右边代表虚值认购隐含波动率），这是股票期权的特性，投资者比较害怕行情大跌，但不怕大涨，所以投资者买虚值认沽期权的多，使得认沽期权隐含波动率容易比较高，加上机构很喜欢卖虚值认购期权做备兑开仓，最终使得股票期权微笑曲线变成如图 4-10 所示的样子。

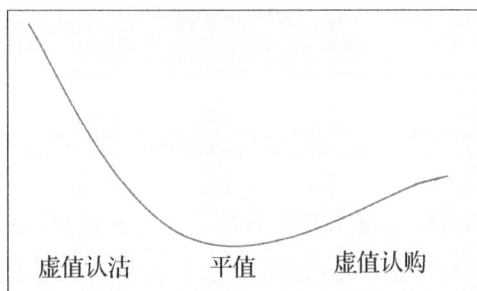

图 4-10　股票期权的隐含波动率曲线

但这不是绝对的，2019 年上半年，由于 50 ETF 行情大涨 7.5%，2.8 认购期权出现了单日 192 倍涨幅，使得接下来几个月的认购期权隐含波动率都大于认沽期权的隐含波动率。很多人受到梦想召唤入场，认为下一个获利 192 倍的就是自己，疯狂买认购期权赌暴涨，期待一夜致富。股民们不怕行情下跌，就怕大涨时没买到，害怕听到赚钱的"邻居"炫耀，如此造成了具有中国特色的股票期权微笑曲线，虚值认购期权的隐含波动率普遍高于虚值认沽期权的隐含波动率，也使得许多从华尔街回来的期权专家被打懵，因为他们没看过这样的隐含波动率结构。

所以，不能绝对相信过去的经验，市场投资者结构、市场情绪都会变，要根据具体情况调整。

除了股票期权外，还有商品期货期权，其波动率微笑曲线也不太一样。通常商品期货期权比较容易出现虚值认购期权的隐含波动率大于虚值认沽期权的隐含波动率的情况，如图 4-11 所示。这源于商品特性，例如农产品遇到天灾会暴涨，工业品遇到减产、矿灾等会暴涨，所以投资者比较喜欢赌商品期货期权上涨，且有些现货避险需求比较少，因此造成微笑曲线在看涨端偏斜。但这也不是绝对的，随着行情改变，市场预期变化，曲线倾斜方向也可能反转。

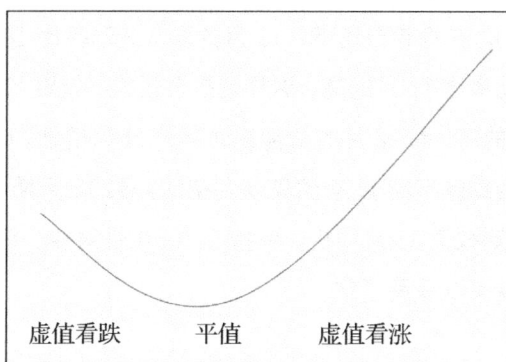

图 4-11　商品期权的隐含波动率曲线

　　除了当月不同行权价之间的隐含波动率有差异外，不同月份之间也有差异，因为投资者对于市场远近预期有差异，所以各月份的隐含波动率差值也会变化。如图 4-12 所示，从咏春大师软件（下称咏春软件）里截取跨月波动率曲线进行比较，可以明显看到它们的绝对水平不一样，曲线弯曲度也不一样。

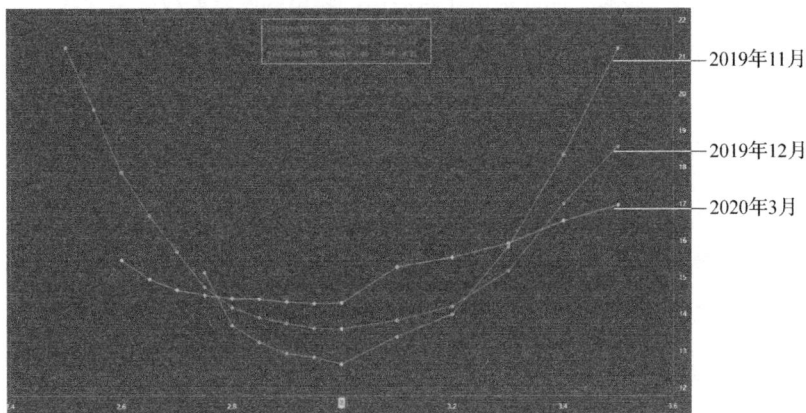

图 4-12　不同月份 50ETF 期权的隐含波动率曲线

　　在一般稳定的市场下，远月的隐含波动率会比近月的隐含波动率高，在市场动荡时，这种结构就会改变，近月的隐含波动率会比远月的高，但这种变化对于各月份应该要同方向变动。举个例子（如表 4-2 所示），在稳定市场下，11 月的隐含波动率比 10 月的高，12 月的隐含波动率比 11 月的高，这样就是合理的；如果 11 月的隐含波动率比 10 月的高，而 12 月的隐含波动率比 11 月的低，就不合理（流动性不好的合约就不准）。有价差获利空间，买 12 月期权卖 11 月期权或买 10 月期权卖 11 月期权，保持 Delta 中性对冲，等待隐含波动率曲线回归就可以获利了结。

表 4-2 隐含波动率期限结构比较

50 ETF 价格 3.02	10 月 IV	11 月 IV	12 月 IV	情况
3.0 认沽期权	17.4%	17.8%	18.8%	合理
3.0 认沽期权	16.9%	17.7%	16.8%	不合理

除此之外，还有一些特殊情况会造成某些月份的隐含波动率特别高，这时候就不适用上文提到的规律，例如个股期权的公司财报公布、商品期权的现货供需报告公布、大事件谈判等，此时发生月份的隐含波动率就会提前，而且隐含波动率会异常高，因此在做跨月隐含波动率分析时需要小心，注意哪个月份有什么重大事件是大家所期待的，不然自己开心地以为在做套利赚钱，结果却是在傻傻地送钱。

————— 怎么判断市场隐含波动率的高低 —————

看到这里，对于期权没什么经验的读者，可能心中一直有一个困惑，如何判断隐含波动率是高还是低呢？以什么为标准？波动率微笑曲线不一样，每个行权价的隐含波动率也都不一样，那么到底要拿谁来比较高低呢？

首先要厘清，隐含波动率是从权利金推导出来的，代表投资者对于期权标的未来波动的预期，通常我们根据两种方式比较隐含波动率，一种是看平值隐含波动率，另一种是看 VIX（波动率指数）。平值隐含波动率很好理解，就是找最靠近标的价格的行权价隐含波动率，如果它昨天的隐含波动率是 16，今天是 16.5，那就是上升了，也可以比较不同月份的隐含波动率。至于为什么取平值，个人认为它比较可靠,虚值期权的隐含波动率受其他因素影响较大,没有平值的平稳。

下面是 VIX 的计算公式,看起来很复杂,别慌,我们只要理解它的逻辑,以及学会怎么用就好了。

$$\sigma^2 = \frac{2}{T}\sum_i \frac{\Delta K_i}{K_i^2} e^{RT} Q(K_i) - \frac{1}{T}\left[\frac{F}{K_0} - 1\right]^2$$

VIX 最早由美国芝加哥期权交易所推出,定义为标普 500 指数到期日 30 天的期权隐含波动率,数据采样来自实际市场期权合约的隐含波动率加权,你可以把它视为当前期权市场整体的平均隐含波动率水平,只要有期权商品,就可以算出 VIX,不仅限于股票期权,商品期货期权也能有自己的 VIX,但每家机构或软件对于公式的取值有一些差异,因此算出来的 VIX 会有一些差异,但一般差距不大,而且我们主要看它的变化。

图 4-13 是咏春软件里 50 ETF 期权的 VIX(图中框住的部分),50ETF 只会有一个 VIX,但商品期货期权就不一样了,不同月份的商品特性不一样,故商品期货会有不一样的 VIX。

图 4-13   50 ETF 的 VIX

图 4-13 里的 VIX 一路下降，代表整体隐含波动率水平不断降低，这对买方就很不利，也可以把 VIX 跟过去一段时间的 VIX 相比较，看目前隐含波动率处于什么区间，并判断其高低。

VIX 可以理解为期权市场参与者对于未来波动的期待，在股票大跌时，会有很多人去买认沽期权（机构为了保护股票，个人投资者为了投机追跌），使得 VIX 数值暴增，于是 VIX 有了一个江湖称号：恐慌指数。因此只要 VIX 上升，这种现象就容易被解读为投资者对市场走势看跌。尽管如此，较高的 VIX 值也并不代表熊市，VIX 指数衡量市场波动情况，但这个波动是没有方向偏好的，可能大涨，也可能大跌，需要根据投资者特性来判断。例如图 4-14 所示，其中的 VIX 就是被 50ETF 大涨所带动的，这种情况在国外较少发生，但由于当时国内投资者结构的原因，大家不怕行情下跌，就怕上涨了没买到，因此造成隐含波动率大幅拉升（亏钱了可以互相安慰取暖，心理上平稳知足，安慰自己股票还在，开心活着就好；但如果自己没有赚钱，看到别人炫耀，心理上无法接受，感觉智商受辱）。

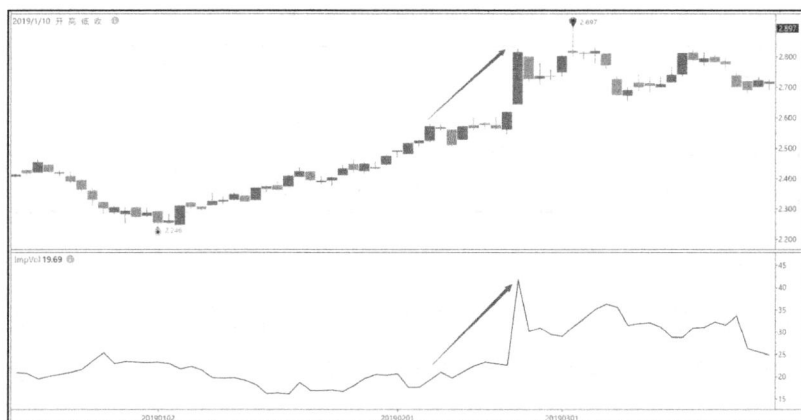

图 4-14　2019 年 1 月至 3 月 50ETF 期权的 VIX 数值

很多做股票的机构，为了规避波动风险，常需要依靠期权，可是期权除了受波动影响外，也受时间和标的走势影响，使得机构在做波动率避险时不太方便，正所谓"需求为创新之母"，芝加哥期权交易所（CBOE）在2004年推出VIX期货，把VIX指数做成了可以在交易所买卖的商品，投资者可以将其作为波动的避险工具。2006年，又推出VIX期权，笔者感觉这是在玩波动中的波动，太复杂了。2008年年底，美股连续大跌，VIX首次突破80，使更多人关注到它，成为期权投资者必看的数据。

如何利用隐含波动率赚钱

学了这么多关于隐含波动率的知识，到底如何用才能在实战中赚钱呢？在详细解析如何利用波动率赚钱之前，先来看一下大框架，表4-3就是波动率交易的分类。

表4-3　波动率交易分类

分类	波动率投机	实际波动率差	隐含波动率曲面套利
做法	预期隐含波动率涨就买期权，预期隐含波动率跌就卖期权	预期隐含波动率比实际波动率高就卖期权，比实际波动率低就买期权	观察隐含波动率曲面，卖高的点，买低的点

做波动率交易，一般都会动态保持 Delta 中性，这是为了不受方向上盈亏的干扰。对于个人投资者而言，只适合做波动率投机，其他做法比较适合机构团队，因为其他做法需要数据、工具、可靠的模型等的支持，否则无法精确计算出波动率的区间，也就无法完成套利。

波动率投机就简单多了，不用搞那么复杂的分析，可以简单粗暴地凭直觉猜测，也可以根据价格走势、心理研究等，预测接下来期权隐含波动率是上升还是下降，觉得会上升就买期权，可以单买，也可以双买，保持整体持仓部位总 Vega 为正即可；觉得会下降就卖期权，可以单卖，也可以双卖，保持持仓总 Vega 为负即可。

长期而言，隐含波动率有均值回归的特性，如图 4-15 所示，这是美国标普 500 指数期权从 2013 年到 2018 年的走势图，图的最上方是价格，最下方是 VIX，可以明显看到隐含波动率就在框内波动，高了会回落，低一段时间后会上去，始终围绕在某个数值附近波动，这就是所谓的均值回归。除此之外，隐含波动率容易瞬涨缓跌，当特殊行情发生时（在股票上通常是大跌），大量认沽期权被抢买，隐含波动率因此被快速拉升，这种拉升是可怕的，不要以为隐含波动率到 50 多就很高了，隐含波动率到 80 多笔者都遇到过。这种高数值无法维持太久，很快就会回落，但在回落后不会马上回到之前的区域，而是会在一个相对高的数值区间徘徊一阵子，然后才慢慢下跌，甚至就此维持很长时间的低隐含波动率，直到下一个黑天鹅发生，整个轮回重来一遍。

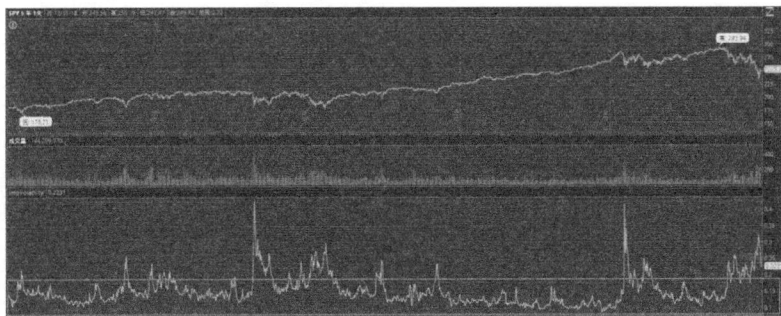

图 4-15 标普 500 指数期权 2013—2018 年的走势图

每个商品都有自己的隐含波动率的特性，不能一概而论，股票市场在下跌时容易造成隐含波动率上升，在上涨时使得隐含波动率下降，而换到农产品市场就不一样了，由于农产品受到天灾、政策、资金的影响，其一旦暴涨就凶狠无比，使投资者对于农产品上涨的波动率更有期待，因此农产品的隐含波动率也容易被趋势带动上涨起来，所以我们在比较隐含波动率数据时，只能同类商品相比较，跨商品比较就不准了。

左右逢源——买跨策略

现在开始介绍一些策略，这些策略对于方向走势的依赖比较小，利用波动率比较多，都是组合策略，不会很复杂，而且很实用。第一个要讲的就是买方跨式策略（买跨策略），英文叫 Straddle 或 Strangle，是期权的经典策略，做法为同时买认购合约和认沽合约。它的优点是能够不靠方向，不管涨跌，只要行情有大波动就能赚钱，缺点是害怕行情震荡，耗损时间价值。

策略说明

图 4-16 是同时买进 50ETF 期权的 3.0 认购期权和 3.0 认沽期权，组成买跨策略，也可以做不同行权价的跨式策略，后面我们会对它们进行比较。

从图 4-16 中能明显看到，买跨策略对于标的走势，无论是大涨还是大跌，只要进入 A 区域就都是赚钱的，但如果价格处于中间 B 区域震荡，那就会随着时间不断亏损。盈亏平衡点分别是 2.9095 和 3.0905，但这是到期盈亏平衡点，不要以为价格要超过这两个数值才能盈利，其实只要标的价格有大幅波动就能盈利（见表 4-4）。至于标的价格要变化多少才赚钱，这不好说，会涉及所耗费的时间和隐含波动率的变化。

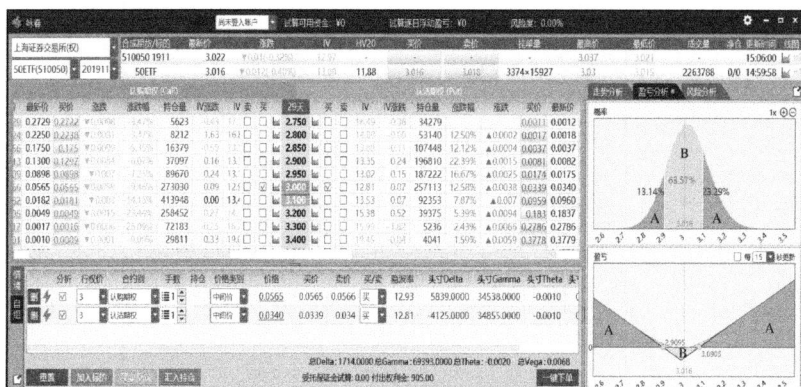

图 4-16　买跨策略

表 4-4　买跨策略的盈亏变化

行权价	3.0 认沽期权/（元/张）	3.0 认购期权/（元/张）	总和/元
第一天 50ETF 价格 3.016 元	340	565	905
第二天 50ETF 价格 3.056 元	180	795	975
总盈亏/元	亏 160	赚 230	赚 70

买跨策略大部分都是短暂持有的，不会拿到期，拿越久，亏损概率越大。我们通过咏春软件的情境盈亏图进行分析，如图 4-17 所示，在不同隐含波动率和价格方向变化的情况下，会有不同的盈亏情况，图 4-17 中的波幅就是隐含波动率变化，我们能清楚地看到，除了价格变动造成的盈亏，隐含波动率变化造成的盈亏影响也非常大，一旦你看错隐含波动率，甚至会抵消方向上的获利，这是在使用买跨策略时要特别注意的。

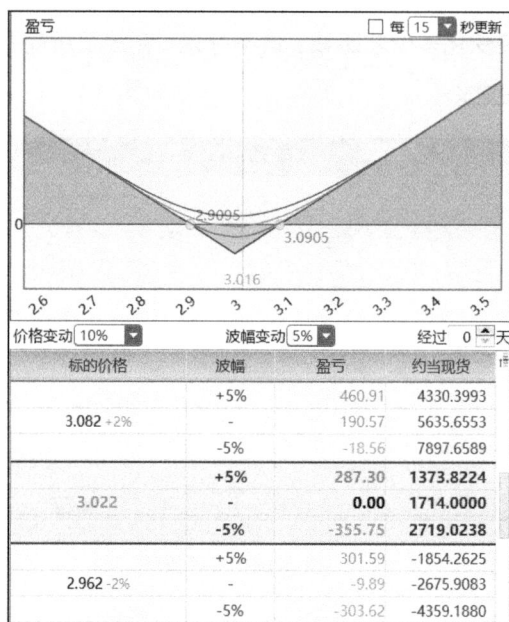

图 4-17　买跨策略情境分析

使用时机

这看似很厉害的策略，要在什么情况下使用才好呢？我们知道买跨策略需要靠行情波动来赚钱，那就得来研究行情什么时候有波动，因为黑天鹅是无法预期的，所以我们主要利用可以把握的波动，常见的波动有两个分类，一个是形态突破，另一个是事件驱动。

在技术分析上有一个大类别，叫形态学，这里不多展开讲，只讲其中一个经典形态作为期权策略的案例，那就是收敛三角。有研究形态的投资者可能会问，这是哪种收敛三角，是上升收敛三角、下降收敛三角，还是对称收敛三角？对我们买跨策略布局而言，这些都差不多，毕竟我们没有方向偏好，只是期待行情波动，而期权价格在历经一段时间的整理震荡后，大概率是要出方向的，正所谓"合久必分，分久必合"，整理得越久，从方向出来后的力道越强，搭配期权买跨策略，就能帮你赚到一笔小财富。

图 4-18 是 50ETF 在 2018 年的日线走势，可以很明显地看到它处于三角收敛形态，越收越小，犹如被挤压的气球，即将被挤爆，最终在 2018 年 12 月 18 日的一根阴线突破后，走出一波流畅的下跌行情。如果你在 12 月 17 日买期权做买跨策略，那么后续几天肯定能赚到很多钱，但实际操作很难那么顺利，很难那么准就选在 12 月 17 日进场，隔天还立刻启动行情，所以只能在靠近收敛尾端时，随机选择时间进场布局买跨策略，在耗损一段时间价值后，赌突破行情的来临。

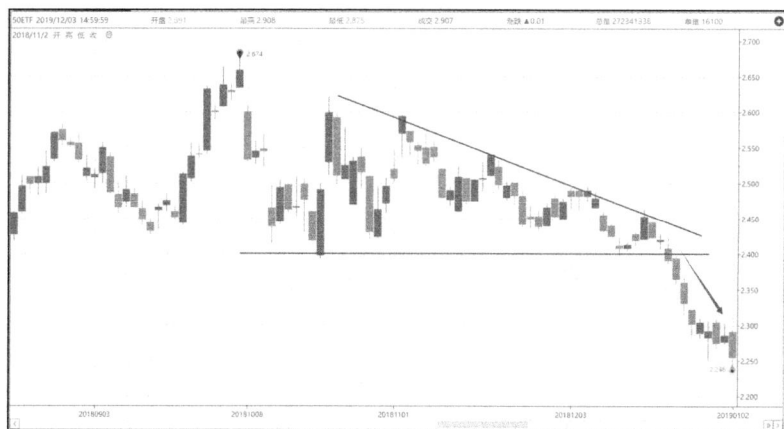

图 4-18　50ETF 在 2018 年 10 月到 12 月的日线

如图 4-19 所示是白糖期货在 2019 年 7 月到 11 月的日线走势，可以明显看到它处于三角收敛形态，越收越小，最终在选出方向后凶狠地突破。用买跨策略的优势是比较稳，不用猜方向，成功概率大，而且还能搭配隐含波动率带动升起的获利。

图 4-19　白糖期货在 2019 年 7 月至 11 月的日线

相比形态突破时间的不确定，事件驱动对买跨策略的影响是比较确定的，且经常被用到。这些事件可能是美联储政策、XX 重要报告、重要投票等。例如 2019 年 6 月底的 G20 峰会，中国与美国利用此次会面进行谈判，投资者对结果非常关注，但不知道市场走势会因此涨还是跌，如果做股票、期货，就只能赌一边，赌对就赚大钱，赌错就回家种田，风险很大，不适合普通投资者，但有了期权，我们就可以同时买 50ETF 期权的认购和认沽，用买跨策略来布局，只要行情有波动，无论涨跌，都能盈利。

如图 4-20 所示，方框中是 2019 年 6 月 28 日到 7 月 1 日的走势，从 50ETF 走势来看，由于在 G20 峰会中，中国与美国都释放出善意，所以市场也有了信心，于是周一（7 月 1 日）行情直接跳空高开，如果在上一个周五或周四购买了期权买跨策略，那么肯定获利丰厚，当天就能直接平仓出场，并开心地去吃大餐。

图 4-20　50ETF 在 2019 年的日线走势

　　你仔细看图 4-20 的走势，就会发现 50ETF 的几个特性。50ETF 在靠近事件发生时（2019 年 6 月 29 日、6 月 30 日），行情趋于窄幅震荡，这是很典型的情况，投资者都在期待这个大事件的结果，因此不会在之前有什么方向表态，大家一起等待。图 4-20 下方的曲线是 VIX 隐含波动率走势图，明显可以看到其在 G20 峰会事件前是一路上升的，这代表很多投机者进来买期权，甚至也都做了买跨策略，期待行情出现大波动。这一事件很重要，如此便造成隐含波动率大幅拉升，权利金变高，使得做买跨策略成本变高。这次事件也的确发生了行情大波动，但如果结果很平淡，那么周一开盘时权利金就会大幅下跌，认购期权、认沽期权都会下跌，多空双杀。例如，2019 年"十一"长假后开盘的第一天，即使 50ETF 上涨超过 1%，认购、认沽虚值期权也还是都跌了（见图 4-21），买方损失惨重，在节前做买跨策略赌假期中会发生异常事件的投资者，这次就没能盈利，好在当时隐含波动率不高，不然亏损更多。

图 4-21　2019 年 10 月 8 日 50ETF 期权行情

换个市场来看一看，是否会有类似的困境呢？图 4-22 是豆粕期货走势图，一样是面对 G20 峰会，由于美国大豆的进口对于中国豆粕的价格影响很大，所以在靠近 6 月底的 G20 峰会时，许多投资者开始买豆粕期权，做买跨策略的人也不断涌进。从图 4-22 中的豆粕 VIX 走势中可以明显看到不断上涨的隐含波动率，显示了期权投资者的积极态度。当结果确定了，跟预期差不多，在开盘后，豆粕期货价格小跌，但隐含波动率大幅回落，使认购期权和认沽期权的权利金大幅下跌，买方损失惨重，这是买跨策略危险的地方。

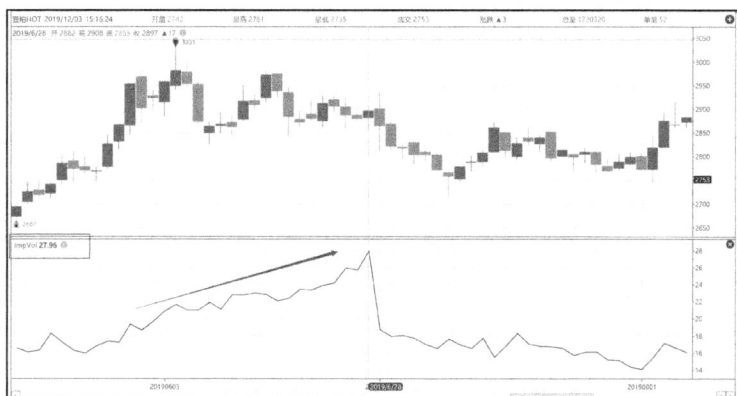

图 4-22　2019 年夏天的豆粕期货和 VIX 走势

从上面的案例中你应该开始理解，隐含波动率对于买跨策略来说多么重要，买跨策略还可以用来赌隐含波动率价差，如此胜率更高。

高胜率做法

我们知道买跨策略很适合赌事件，这个策略的变种玩法，就是利用别人投机的情绪，赌别人会来赌事件。

如表 4-5 所示，可以在事件前 4 天就进场布局买跨策略，等到事件前一天就获利平仓出场，这比纯粹赌事件结果的胜率还要高，这就是在赚隐含波动率的溢价。比起事件发生后的大波动，这种做法盈利比较少，但胜率很高，因为你是在做一件很确定的事。至于要提前几天，则需要视情况而定，不要太心急提早 10 天就进场布局，毕竟这要损耗时间，如果隐含波动率上涨的获利弥补不了时间价值的流逝，那就悲剧了。

表 4-5　买跨策略的盈亏变化

	事件前 4 天	事件前 1 天	盈亏/元
某认购期权/（元/张）	510	630	赚 120
某认沽期权/（元/张）	450	490	赚 40
总权利金/（元/张）	960	1120	赚 160

如何出场

假设根据前面的内容，你依样画葫芦做了一遍，第一次做买跨策略就赚钱了，那么问题来了，账面上是浮盈，该在什么时机出场呢？一次全部平仓吗？还是可以拆分出场？

面对这种高级烦恼，需要考量不同情境来做判断，首先要看的就是隐含波动率处于什么位置，我们以事件交易为范例，如表 4-6 所示。

表 4-6　买跨策略在不同情况下的出场

	隐含波动率持续拉涨	隐含波动率快速回落	隐含波动率没什么变化
看多标的	留仓认购，平仓认沽	全平仓，留点认购	看情况操作
看空标的	留仓认沽，平仓认购	全平仓，留点认沽	看情况操作
不确定方向	都留仓，可适度减仓	全平仓	全平仓

　　表 4-6 的做法在特殊情境下可能有变化，这需要靠经验来应变。有一个通用经验，那就是一旦遇到隐含波动率快速回落就赶紧出场（在事件结束后，大概率都是回落的）。对于用买跨策略的新手，建议还是直接一次性全平仓出场比较好，不然一旦情势转为不利，原本盈利变亏损，心态崩了，影响到后续交易就不好了。除非遇到特别极端的大行情，例如直接跌停，这时可以止盈掉认沽期权，继续留着认购期权，因为它也没剩多少钱了，留下来当彩票，说不定会有报复性反弹。

Gamma Scalping 策略

　　关于买跨策略，我们再深入探讨一下，还有一些问题没解决，那就是随着时间推移，上下波动回到原点，时间损耗却无法避免，行情爆发点越晚发生，损耗越严重，最怕的是在行情爆发后没赚到钱。如图 4-23 所示，假设框住的部分有快速上涨的行情，而你期待趋势继续上涨，没想到过几天就跌回原点，几万元的浮盈全吐回去，黄粱一梦。

　　只要行情有大波动，买期权就应该会盈利，无论行情是涨还是跌，但为了避免回到原点，我们要使用传说中的 Gamma Scalping 策略，或者通俗一点叫它刷刷刷策略，就是靠每次对冲把利润刷出来，不怕回到原点。

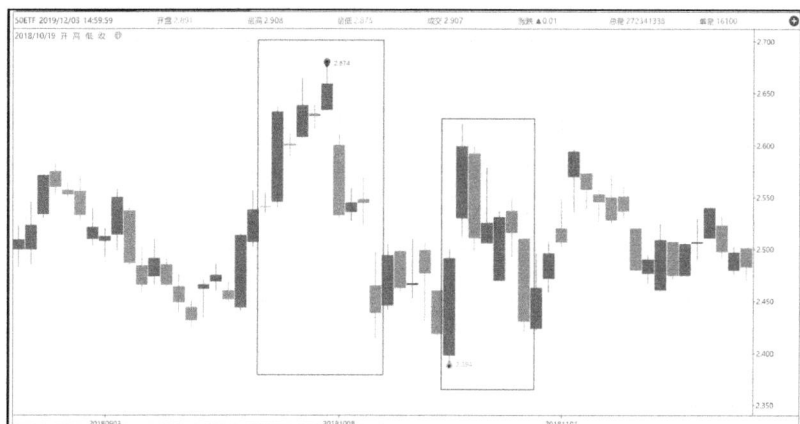

图 4-23　50ETF 在 2018 年 10 月上下波动

那么 Gamma Scalping 如何实现呢？以 50ETF 期权为例，我们同时买进 2.7 认购期权和 2.5 认沽期权做买跨策略，布局当下的 Delta 约为 0，方向中立。过了 1 天，行情沿着图 4-24 的 A 路径走，Delta 开始偏正数。此时你可能赚了点钱，但陷入是否要出场的抉择，行情可能继续往 E 走，也可能走 B，回头。别慌，我们来放空 50ETF 某股数，使整体部位 Delta 回到 0 附近。

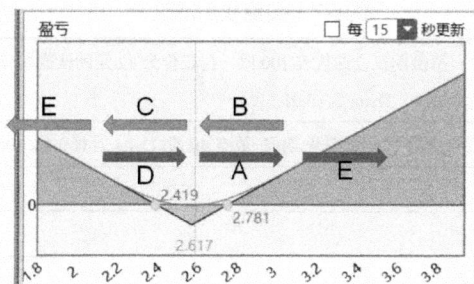

图 4-24　Gamma Scalping 操作过程

又过了 1 天，行情沿着 B 回到原点。买跨策略的浮盈没了，但我们之前为了对冲 Delta 所做的放空 50ETF 赚了，保住了该有的利润。可是万一行情不是走 B，而是走 E，那么放空 50ETF 这部分不就亏钱了吗？是的，但别忘记我们还有买跨策略部位，认购期权此时的盈利会覆盖掉 50ETF 放空部位的亏损，因为期权做对方向会自动加仓，因此总和还是赚的。同样的道理，往 C 走后，部位 Delta 变负，买进 50ETF 某股数，使 Delta 回到 0 附近，那么接下来，无论行情是走 E 还是 D，我们都会盈利，这就是 Gamma Scalping！

这听起来很厉害，感觉怎么样都会盈利，但这么美好，会不会是诈骗？没关系，我们再举个例子，使你能更清楚地理解它的优劣势。

例如某股票价格为 10 元，此股票期权一份合约代表 100 股，目前行权价为 12 元的认购期权价格是 4 元，根据模型可推算出 Delta 为 0.4，Gamma 为 0.02，Theta 为-0.01，我们买进行权价为 12 元的认购期权（为了简化案例，只买单边期权，但其实跟你买双边期权的结果是一样的），此时做多，Delta 为 0.4×100=40，如果放了 4 天都不动，股票行情震荡到原点，期权白白损失 4 天时间价值，如表 4-7 所示，总共亏 4 元。

表 4-7　买期权后不动

标的股票现价为 10 元，每份期权合约代表 100 股，行权价为 12 元的认购期权价格为 4 元，Delta 为 0.4，Gamma 为 0.02，Theta 为-0.01		
	布局:买进行权价为 12 元的认购期权+放空 40 股,Delta 为 0(0.4×100-40)	操作
第一天	股票跌到 9 元	不动
第二天	股票跌到 8 元	不动
第三天	股票涨到 9 元	不动
第四天	股票涨回 10 元	不动
结果	放空部位没盈亏，期权部位亏损 4 元时间价值（0.01×4×100）	亏 4 元

标的股票在这 4 天中是有波动的，但我们却没赚到钱，此时可以利用前面介绍的 Gamma Scalping 技巧，把途中的钱刷出来，就可以抵御时间价值的损耗，实际做法如表 4-8 所示。当股票价格波动 1 元时，我们去做对冲，第一天股票价格跌到 9 元，由于 Gamma 的关系，期权部位 Delta 变成 40-0.02×100×1-40=-2，为了维持 Delta 中性，我们可以买进 2 股（1 股现货股票的 Delta 为 1），使 Delta 回到 0。第二天股票价格继续下跌，跌到 8 元，原本的 Delta 中性又歪掉成-2，我们继续买进 2 股，使总 Delta 回到 0。第三天开始反弹，股票价格涨回 9 元，由于 Gamma 的关系，Delta 变成+2，在维护 Delta 中性的原则下，卖出 2 股，使总 Delta 再次回到 0。第四天股票价格涨回 10 元，Delta 变成+2，继续卖出 2 股，让 Delta 回到中性 0。

这 4 天很快就过去了，忙着对冲来对冲去，以保持 Delta 中性为目标，最后好像是白忙一场，但仔细看，途中为了对冲所进行的操作，正好就实现了低买高卖，总获利为 4 元，刚好抵消掉 4 天期权的时间价值的损耗，期权多活了 4 天，继续等待行情的爆发。

表 4-8 买期权后每波动 1 元对冲

标的股票现价 10 元，每份期权合约代表 100 股，行权价为 12 元的认购期权价格为 4 元，Delta 为 0.4，Gamma 为 0.02，Theta 为-0.01		
	布局:买进行权价为 12 元的认购期权+放空 40 股,Delta 为 0(0.4 × 100-40)	操作
第一天	股票跌到 9 元	买两股
第二天	股票跌到 8 元	再买两股
第三天	股票涨到 9 元	卖两股
第四天	股票涨回 10 元	再卖两股
结果	第一天为了对冲，买的股票赚 2 元，第二天为了对冲，买的股票也赚 2 元，期权部位一样损耗 4 元时间价值	无盈亏

故事还没有结束，如果改变对冲频率，结果可能就会不一样。如表 4-9 所示，在布局好 Delta 中性部位后，开始等待行情，设置好规定当股票波动累计超过 2 元时，才去做对冲。以同样的情境来推演，第一天股票价格跌 1 元，总 Delta 为-2，还不到对冲条件，忽略它，不做任何操作。第二天股票价格价格继续跌 1 元，此时达到对冲条件，我们下手对冲来刷钱，由于总 Delta 部位变成-4，故要买进 4 股，使 Delta 变回 0。第三天股票涨 1 元，不到对冲条件，不做任何操作。第四天股票再涨 1 元到 10 元，总 Delta 为+4，我们卖出 4 股做对冲，如此进行低买高卖的操作，这次盈利 4×2=8 元。期权时间损耗 4 元，总和算下来还盈利 4 元，完美，靠行情波动刷到钱了。

表 4-9 买期权后每波动 2 元对冲

标的股票现价 10 元，每份期权合约代表 100 股，行权价为 12 元的认购期权价格为 4 元，Delta 为 0.4，Gamma 为 0.02，Theta 为-0.01		
	布局:买进行权价 12 元的认购期权+放空 40 股，Delta 为 0(0.4×100-40)	操作
第一天	股票跌到 9 元	不动
第二天	股票跌到 8 元	买 4 股
第三天	股票涨到 9 元	不动
第四天	股票涨回 10 元	卖 4 股
结果	第二天为了对冲时买的股票赚 2×4=8 元，期权部位一样亏损 4 元时间价值	赚 4 元

假设从上面两个例子，你学到了经验，也开始贪心，觉得条件设置得越宽，等股票价格波动越大后再进入对冲就能赚得越多，于是你设置了新条件，规定当股票波动累计超过 3 元时才去做对冲，那么结果会更好吗? 表 4-10 就是新的对冲条件结果，在这 4 天，股票价格波动最多为 2 元，都没有达到对冲门槛，结果 4 天下来什么操作都没有，只呆呆地看期权部位损耗 4 天的时间价值。

表 4-10　买期权后每波动 3 元再对冲

标的股票现价 10 元，每份期权合约代表 100 股，行权价为 12 元的认购期权价格为 4 元，Delta 为 0.4，Gamma 为 0.02，Theta 为-0.01		
	布局：买进行权价为 12 元的认购期权+放空 40 股，Delta 为 0（0.4×100-40）	操作
第一天	股票跌到 9 元	不动
第二天	股票跌到 8 元	不动
第三天	股票涨到 9 元	不动
第四天	股票涨回 10 元	不动
结果	想等股票波动 3 元时才对冲，如果没机会，期权部位一样亏损 4 元时间价值	亏 4 元

同样的部位，也同样使用 Gamma Scalping 方法，只是对冲频率不同，结果就不一样，这让交易者感到困扰。于是专家形容期权对冲有路径依赖性，由于对冲时机的差异，有些人赚钱，有些人亏钱。长期而言，如果将 Gamma Scalping 策略用于买方（正 Gamma），那么只要操作期间的实际波动率大于隐含波动率，长期来说就能赚钱，但这种时候不多，大部分时候隐含波动率大于实际波动率。

行权价如何选

下面来聊一聊买跨策略选择不同行权价有什么差别。在定义上，Straddle 是买进同行权价的跨式策略，Strangle 是买进不同行权价的跨式策略，也叫勒式策略，如图 4-25 和图 4-26 所示，两者最明显的差异在于成本和爆发力。

图 4-25 是买 2.95 认购和认沽的跨式策略，相比图 4-26 买 3.0 认购和 2.95 认沽的跨式策略，图 4-25 的同行权价（通常建议买在平值）的跨式策略付出成本比较高，需要 985 元权利金，而图 4-26 所示的跨式策略只要 555 元权利金，在一样的资金下，勒式策略能获得比较高的杠杆，但杠杆高不代表策略好，还需要看它是否有用。如

图 4-25 所示的买跨策略在 Gamma、Theta、Vega 上比较大，也就是说，在同样仓位下，该买跨策略在方向加速度爆发、隐含波动率爆发上比较强，只要行情有波动就容易获利，而若买两边虚值的跨式策略，除非行情很大，否则没有同时买平值的好，但如果没行情，买平值的跨式损失会比较大，时间价值耗损也比较多。

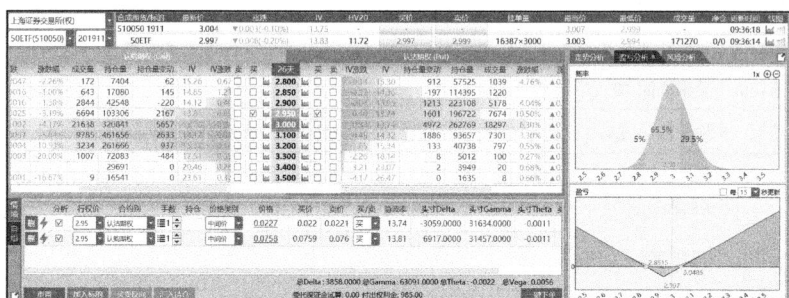

图 4-25　同行权价买跨策略——Straddle

图 4-26　不同行权价买跨策略——Strangle

在布局不同行权价的买跨策略时，有一个小技巧，即不同时买进期权，而是利用震荡行情，分批进场布局，只要离爆发点的时间不是太久，就可以起到降低成本的作用。如图 4-27 所示方框区的行情，虽然中间的震荡区有机会获利平仓，但我们的目的不是赚这种小钱，而是想要获得区间整理完后的大行情的利润，只是我们不知道方向，于是利用震荡分批入场，一步步建立成本比较低的仓位。

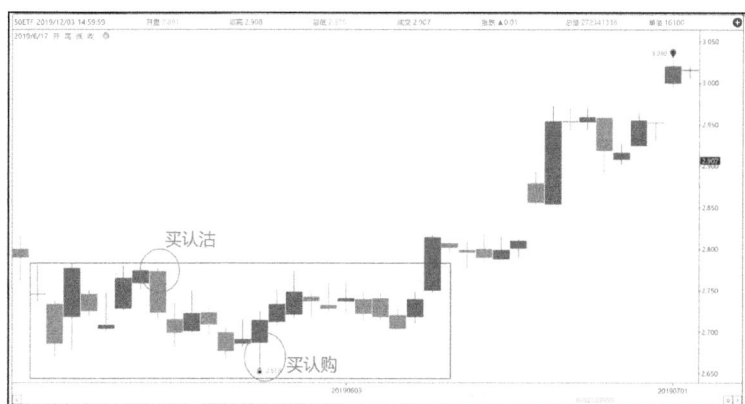

图 4-27　分批布局买跨策略

买跨策略总结

做跨式策略的本质是做波动，因此要跳出传统赌多空的思维。如果你对方向很明确，就直接买进单边期权，何必浪费钱买两边呢？既然要买两边期权做跨式策略，那么在逻辑上就是对方向不确定，只确定行情会有大波动，而这种大波动最好是超乎市场投资者预期的，如此才能赚大钱。但不能常用这策略，毕竟市场大部分时间是在震荡的，要选在潜在的爆发机会点上，埋伏进去，期待抓到黑天鹅。专家称买跨策略为做多 Gamma，时间是它最大的敌人。

————— 坚壁清野——卖跨策略 —————

既然可以做多波动，也就可以做空波动，买方跨式的相反方就是卖方跨式，这种策略非常受机构投资者的欢迎，因为它容纳的资金量大，能靠时间获利，只要对冲技巧好，风险控制得当，就能做出稳定向上的报酬曲线。

策略说明

图 4-28 是同时卖出 3.1 认购期权和 2.9 认沽期权，组成卖跨策略（也可以卖相同行权价），也叫双卖策略。

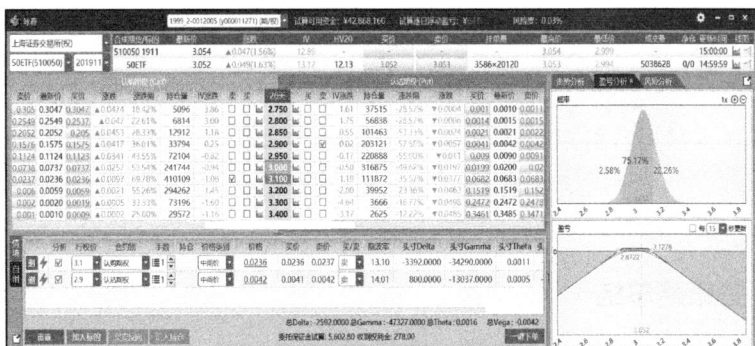

图 4-28　卖跨策略

从图 4-28 来解析，盈亏平衡点是 3.1278 元和 2.8722 元，所以只要在结算时 50ETF 价格在这两点区间内，就能赚钱，但如果盈亏平衡点被突破，那么亏损就会很可怕，理论上卖方亏损是无限的。卖方跨式是靠时间来赚钱的，如表 4-11 所示，希望行情在盈亏平衡点区间震荡，每天默默收取时间价值，最好是权利金最终都归零。

表 4-11　卖跨策略盈亏变化

	3.0 认沽期权/（元/张）	3.0 认购期权/（元/张）	总权利金/（元/张）
第一天 50ETF 价格为 3.016 元	565	340	905
第十天 50ETF 价格为 3.026 元	325	260	585
盈亏/元	赚 240	赚 80	赚 320

通常卖跨策略持有的时间比较长，不追求暴利，追求稳定获利，胜率比较大。我们可以通过咏春软件的情境进行盈亏分析，如图 4-29 所示，在不同隐含波动率和价格方向变化下，有不同的盈亏情况。如图 4-29 所示的波幅就是隐含波动率变化，最下方红色曲线为隐含波动率上涨 5% 时的情况，中间蓝色曲线为隐含波动率不变的情况，最上方绿色曲线为隐含波动率下跌 5% 时的情况。可以清楚地看到，除了价格变动造成的盈亏外，隐含波动率变化造成的盈亏也非常大，即使方向看错，隐含波动率下降也可以帮助我们获利。但如果把持仓拿到期，那么隐含波动率的这些变化就没什么差别了，我们只要关心最终标的行情是否会突破盈亏平衡点即可。

标的价格	波幅	盈亏	约当现货
	+5%	-367.10	-3589.9248
3.162 +2%	-	-106.76	-4665.6403
	-5%	116.66	-6662.4509
	+5%	-248.06	-177.5899
3.100	-	0.00	-123.0000
	-5%	341.81	-82.4494
	+5%	-347.19	3333.4977
3.038 -2%	-	-93.40	4531.1742
	-5%	123.06	6655.7369

图 4-29　卖跨策略情境分析

使用时机

卖跨策略看起来是用在震荡行情的，那么需要有方向偏好吗？这不一定。在后面会详细讲解如何在卖跨布局里进行动态调整，而在调整的情况中，也包含看多和看空，看多时就把 Delta 值调为正，看空时就把 Delta 值调为负，没方向就把 Delta 值调为 0，但核心还是以赚取时间价值为主。

在理论上，我们可以在震荡行情中做卖跨策略，当趋势行情来时就转为单边买期权。然而，现实是残酷的，我们很难做到如此完美的计划，无法准确地在震荡和趋势行情中做策略切换，且由于市场大部分时间处于区间震荡，所以卖跨策略几乎没有使用时机的问题，可以说随时都能用，只是要做好风控和对冲。

做卖跨策略不要心存侥幸，也不要用卖跨策略做投机，卖跨是要做稳、做长久的，不要追求短时间的暴利，要懂得靠耐心来赚权利金，如果投资者没有这样的领悟，那么在任何时期都不适合做卖跨策略。

行权价如何选

卖跨策略在布局时有行权价选择问题，到底卖在哪里可以最小化风险、最大化获利呢？这是"又要马儿跑，又要马儿不吃草"，除非买方都很傻，否则卖方要靠扛风险来换收益，只是要懂得扛合理范围内的风险。常用来判断卖跨策略区间的有以下三种方法。

（1）根据技术分析。主要就是依据 K 线和技术形态，判断何处是压力，何处是阻力，卖在阻力上方的点位，例如判断 3.3 是上方阻力位，那就卖 3.4 认购期权。

（2）根据概率。我们知道 Delta 用来判断权利金受标的涨跌的影响程度，除此之外，Delta 还可以用来表示行权价到期进入实值的概率。我们看如图 4-30 所示的期权行情，3.1 认购期权的 Delta 为 0.45，可以理解为到期后该期权是实值的概率为 45%。

上海证券交易所(权) / 50ETF(510050) 热门月	合成期货/标的	最新价	涨跌	IV	HV20	买价	卖价	挂单量	最高价	最低价	成交量	净仓
	510050 1911	3.087	▲0.018(0.58%)	13.08	-	-	-	-	3.119	3.063	-	
	50ETF	3.086	▲0.017(0.55%)	13.35	12.30	3.086	3.087	5×9999	3.117	3.061	6570568	0/0

认购期权（Call）														认沽期权（Put）									
买价	最新价	卖价	涨跌	涨跌幅	持仓量	IV	IV涨跌	Delta	卖	买	22天	买	卖	Delta	IV涨跌	IV	持仓量	涨跌幅	涨跌	卖价	最新价	买价
0.3368	0.3368	0.3369	▲0.0178	5.58%	4807	21.59	1.73	0.9823	☐	☐	2.750	☐	☐	-0.0124	0.05	20.71	34704	-30.00%	▼0.0003	0.0009	0.0007	0.0008
0.286	0.2866	0.2875	▲0.0176	6.54%	5358	17.62	1.80	0.9848	☐	☐	2.800	☐	☐	-0.0199	0.88	19.10	50862	-8.33%	▼0.0001	0.0011	0.0011	0.001
0.2373	0.2374	0.2374	▲0.0184	8.40%	8790	16.60	3.15	0.9713	☐	☐	2.850	☐	☐	-0.0277	0.61	16.76	71486	-17.65%	▼0.0003	0.0015	0.0014	0.0014
0.1885	0.1889	0.1889	▲0.0187	10.99%	22407	15.52	2.38	0.9452	☐	☐	2.900	☐	☐	-0.0457	0.30	14.87	154194	-26.67%	▼0.0008	0.0023	0.0022	0.0022
0.1418	0.1420	0.142	▲0.0166	13.24%	51924	14.55	0.69	0.8936	☐	☐	2.950	☐	☐	-0.0975	0.58	14.11	193650	-20.31%	▼0.0013	0.0051	0.0051	0.005
0.0978	0.0979	0.0979	▲0.0142	16.97%	179354	13.47	0.25	0.8027	☐	☐	3.000	☐	☐	-0.1936	0.16	13.38	372962	-25.17%	▼0.0038	0.0114	0.0113	0.0113
0.0341	0.0341	0.0342	▲0.0077	29.17%	367391	13.07	0.20	0.4530	☐	☐	3.100	☐	☐	-0.5452	0.13	12.98	211368	-17.91%	▼0.0103	0.0473	0.0472	0.0472
0.0091	0.0091	0.0092	▲0.0032	54.24%	360630	14.19	0.57	0.1597	☐	☐	3.200	☐	☐	-0.8227	0.87	15.09	62301	-10.01%	▼0.0138	0.124	0.1240	0.1235
0.0022	0.0023	0.0023	▲0.0007	43.75%	102705	15.67	0.13	0.0465	☐	☐	3.300	☐	☐	-0.9503	0.06	15.76	5539	-7.40%	▼0.0172	0.216	0.2153	0.2153
0.001	0.0011	0.0012	▲0.0002	22.22%	32908	18.70	-0.21	0.0209	☐	☐	3.400	☐	☐	-0.9800	-2.28	18.12	2582	-5.43%	▼0.018	0.3145	0.3136	0.3136
0.0006	0.0006	0.0007			19760	21.51	-6.66	0.0107	☐	☐	3.500	☐	☐	-0.9884	6.77	21.07	1186	-4.20%	▼0.0181	0.4144	0.4130	0.4133

图 4-30　50ETF 期权 2019 年 11 月行情

知道了 Delta 代表概率又如何？还记得正态分布吗？50ETF 价格到期前在 1 个标准差之内波动的概率是 68%，那么在 1 个标准差之外波动的概率就是 32%了，平均分配上涨和下跌两边，其中一边就是 16%。因此如果你相信正态分布的概率，那么可以在 Delta 值为 0.16 的地方卖认购，这样大概率都没事。只是由于目前我国期权合约不密集，有时候无法找到 Delta 值刚好为 0.16 的合约，只能在附近找靠近这个 Delta 数值的合约来卖，以图 4-30 为例，就是卖 3.2 认购和卖 3.0 认沽。

（3）根据持仓量。如果你不相信以上方法，但自己又没有任何判断准则，那怎么办？这里还有一个方法，即可以根据最大持仓量来判断。通常持仓量会从卖方角度解读，持仓量大的地方，代表的是大部分卖方扎堆防守之处，且卖方大都是专业机构或大户，有比较可靠的信息来源和专业的看法，我们既然不会分析，就跟在他们后面卖就好。如图 4-31 所示，可以卖 3.1 认购和卖 2.9 认沽，若想安全一点，还可以再往后卖，无论如何，天塌下来有大机构先扛着，而且可以每天观察大机构持仓量的变化，当大机构看法有变化，想调整持仓结构时，由于部位肥大，不可能一次调好仓，这时就可以密切观察变化来做自己卖方策略的调整。

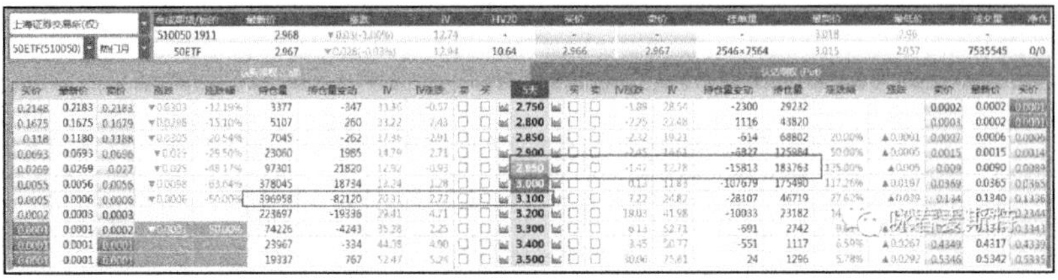

图 4-31　观察 50ETF 期权持仓量

如何出场

止损、对冲将在第五章中深入讲解，这里就先讲止盈。既然卖跨是靠时间赚钱的，那么就会希望留在场中越久越好，毕竟最大获利是到期时权利金归零，赚走全部时间价值。但经常会遇到一种情况：你的某个卖认购部位，开仓时权利金是 300 元，随着时间流逝，它变成了 30 元。突然出现一个暴涨，30 元变成 200 元，盈利都吐了出来，使你悔恨不已，又不甘心，继续等着靠时间获利，结果连续拉涨，200元变 400 元，这简直是悲剧中的悲剧，不仅盈利全无，还亏损了，你的心态崩了……

为了防止这种风险收益比不划算的情况，双卖需要根据一些条件获利出场，这主要就看三点：行情结构、浮盈比例和距离到期时间。这种法则不仅仅适用于卖跨策略，单卖的部位也可以这样做出场参考，可以单独参考这三点中的一点，但最好搭配参考。

例如你的卖跨策略的某边部位浮盈 70%，这时候该出场吗？只看这个条件，很难说，我们再看一下距离到期时间，发现还有 20 天到期，那么建议平仓出场，剩下 20 天只为了赚那 30%，无论你对接下来的走势多么有信心，都不划算，或者就把获利那边的合约往靠近平值移动，这个前提是对行情有把握，顺势操作。如果浮盈 70%，而距离到期时间是 5 天，这时候就没有绝对答案了，需要你判断行情和行权价距离。当行情暧昧无法判断时，建议平仓换到下月，当有走势判断时，要看是什么行权价合约，若是平值则建议出场，如果你很确定这几天只是小幅震荡，那么虚值的话就能持续拿到期。

做双卖或任何卖方，对于趋势行情其实都是不怕的，因为还有救，害怕的是跳空，这会导致瞬间浮亏，Delta 变化也很大，对冲起来容易手忙脚乱。因此，有些交易者会选择用期权卖方来做日内交易，每天早上看情况开仓，可能卖单边，也可能双卖，在收盘前平仓，如此可以规避掉跳空的意外亏损，但无法靠时间获利，主要靠每天对行情走势和隐含波动率变化的判断获利，甚至可以说是靠盘感获利。也有的交易者在每周一开仓，每周五收盘前平仓，不留仓过周末，这也是一种规避卖方黑天鹅风险的方式。

逆事件交易

买跨策略适合做事件交易，期待黑天鹅，期待预期外的事情发生，那卖跨策略就反过来，可以做逆事件交易，期待事件平稳落地，收割那些追买期权的"韭菜"（买卖双方互视为"韭菜"）。

在面临某重要事件时，大量投机者会进场买期权，可能买认购，也可能买认沽，或者就双买，而如果你认为市场已经过度投机，事件结果没有那么夸张，就可以在事件前一天进场双卖期权。如图 4-32 所示就是之前提到的豆粕期权案例，在 2019 年 G20 峰会结束后，行情平稳落地，隐含波动率大幅下降，做双卖的投资者快速获利，即使方向有错，只要错不大，也一样能盈利。

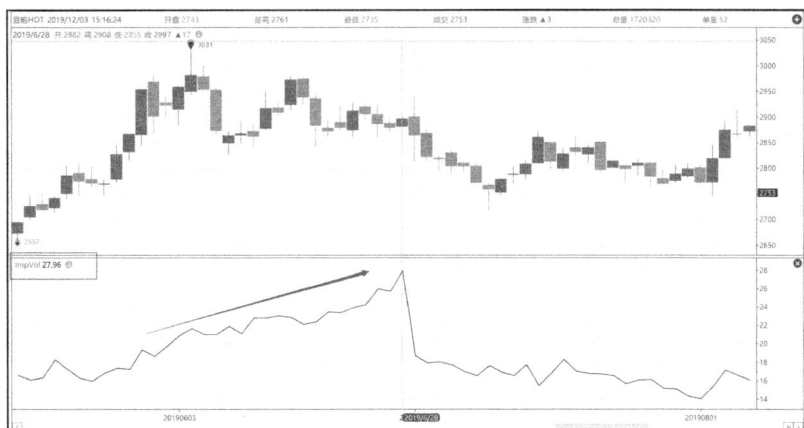

图 4-32 2019 年夏天的豆粕期货和 VIX 走势

再来看一个案例，临近 2019 年"十一"国庆长假，由于在假期期间国内不开盘，国外持续开盘，且假期中可能会释放各种消息，于是放假前很多人会买期权来赌假期后第一天开盘跳空，同样地，可以作为对手方，做卖跨策略，期待收割时间价值。如图 4-33 所示就是2019 年国庆长假后第一天的开盘情况，由于在假期中歌舞升平，使得虚值期权认购/认沽出现双杀，两边权利金都下跌，也使得假期前一天做双卖的朋友大幅获利。

图 4-33 2019 年 10 月 8 日 50ETF 期权行情

但需要注意的是，应尽量少用逆事件策略，笔者认为使用该策略的风险很大，除非你看到隐含波动率拉升很多，期权买方投机气氛很重，则可以做反事件的双卖。在事件发生当天，看到隐含波动率大幅下跌就可以出场了，即使方向错了，隐含波动率快速下跌也还是可以帮到你的。若同时发生行情大幅波动+隐含波动率持续创高点，那就悲剧了，但这种情况不多，为了避免意外，还有一个方法，如图 4-34 所示，卖跨策略搭配尾端买保险，做最大损失控制，但会减少获利，目的是防范一招毙命的黑天鹅。

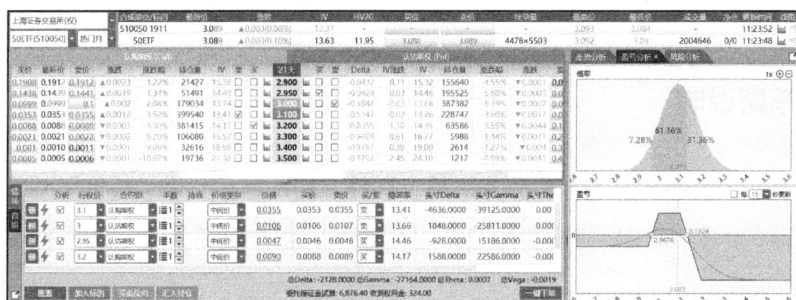

图 4-34　卖跨策略搭配尾端买保险

卖跨策略总结

做卖跨策略的本质是靠时间赚钱，在隐含波动率高的时候可以多赚，在隐含波动率低的时候就少赚，但如果要做得好、回撤低，那么对标的方向的走势需要有准确的判断，不然常做止损或对冲也是损耗。双卖最完美结局是卖的期权什么事都没发生，到期稳稳收到所有权利金，但实际行情不可能一直这么轻松，所以做双卖的朋友时刻要保持警惕，每次做对冲都是损耗，但这些损耗是需要的，可以防范可怕的突破行情。不要心存侥幸，觉得 10 次硬扛能扛过 9 次，其实没扛过的那一次就能把你赚的收益全亏回去。专业机构对于卖跨策略的收益标准是长期维持 12% 的年化收益率，最大回撤在 2% 以内，若能做到 15% 的年化收益率，就很厉害了。

新时代Alpha——备兑策略

备竞策略对方向走势的依赖性高一些，但也融合了对冲的思维，不仅仅纯用期权，同时也搭配了现货、股票，利用期权来减少亏损和增加收益，国外很多股票增强型基金就是靠这个策略实现的。

策略说明

我们同样先用咏春软件来展示备兑策略的盈亏。图 4-35 是买进 10 000 股 50ETF 搭配卖出 3.2 认购期权，组成备兑策略（国外称为 Covered Call）。

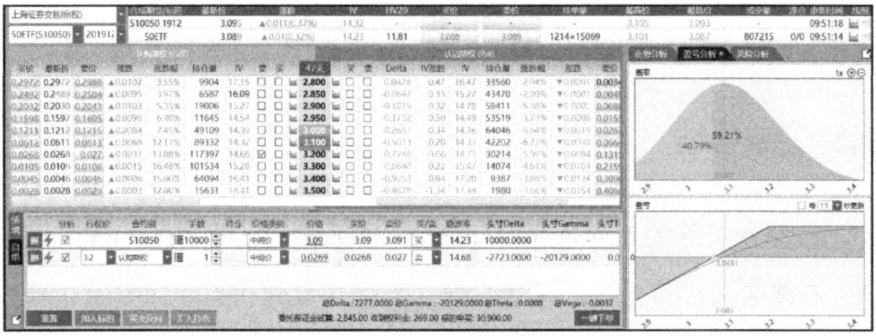

图 4-35　展示 50ETF 备兑策略

从图 4-35 中能明显看到，该策略偏多，获利有限，下方亏损的风险无限。但我们换个方式理解，在不同情境下，我们的盈亏会是怎样的。假设在持有备兑策略期间，行情是小涨的，持股是盈利的，卖出认购期权也盈利，对比纯粹持有股票，增强收益了；如果在持有备兑策略期间行情横盘震荡，那么股票可能没多少损益，而卖出期权部分还是赚钱的，一样增强了收益；如果在持有备兑策略期间行情小跌，那么股票会有些亏损，但卖出认购期权还是赚钱的，且可以弥补股票的亏损，最终可能不赚不亏或小亏，如表 4-12 所示。

表 4-12　不同行情下备兑和纯拿股票的比较

	股票大涨	股票小涨	股票横盘	股票小跌	股票大跌
纯拿股票	赚	赚	没啥损益	亏	亏
备兑策略 （股票+卖认购）	赚	赚	赚	不一定	亏
比较	纯拿股票的 比较好	备兑策略 比较好	备兑策略 比较好	备兑策略 比较好	备兑策略 比较好

比较不好的情况就是连续下跌或上涨趋势，在大跌情况下，卖出期权的盈利补偿不了股票的损失，而在大涨情况下，由于上方收益被卖期权锁住，比起手中只有股票的情况，收益少了很多，但还是盈利的。如果是做长期投资，则可以在备兑策略到期被行权卖掉股票后，等待股票回跌再次买回来，如此摊平持股成本。

使用时机

从上面的介绍看来，备兑策略好像在大部分情况下使用效果都很好，无论什么时机做都好等，别急，该策略的优点的确多，国外很多做对冲基金的投资者也都在使用该策略，使得股票市场的认购期权被机构大量卖出，但备兑策略还有很多细节要注意。

备兑策略具有方向性，如果方向判断错误，就会亏损，而且需要占用比较多的资金。但如果你做长期投资，例如看好中国股市，认为A股会慢慢上涨，50ETF 将持有 10 年以上，在上证指数没到 5000 点之前不出场，那么备兑策略的确适合你。

听起来好像备兑策略只适合股票期权，那么适用于商品期货期权吗？从长期投资来看，一样适用。如果看多豆粕期货，预测未来一年行情向上，短期内行情要暴涨很难，如此就可以买豆粕期货+卖近月认购期权（选择近期价格的压力位），这样除非近期行情突然大跌，否则在获利上都是有优势的。

还记得隐含波动率吗？在备兑策略里一样要注意它。我们知道隐含波动率越高，代表权利金越高，此时去卖期权比较划算。但纯粹裸卖很危险，而且在隐含波动率高的时候卖期权，通常方向上还是逆势的，如果使用这个备兑策略就不怕了，毕竟手上还有多头标的资产。例如你在高隐含波动率的 50ETF 期权市场中，虽然也看多，但买认购期权太贵，又怕突然出现个回马枪，所以此时买进 50ETF，再卖出认购期权，就可以实现比较稳定的收益，只是 50ETF 占用的资金比较多。如果标的是沪深 300 股指期权，那你就买进股指期货+卖认购期权，这样的备兑策略在资金使用上就比较合理了。

行权价如何选

虽然备兑策略看起来简单，但在实战上还有很多细节，根据投资者的不同需求和行情走势判断，备兑开仓的行权价可以有多种选择。我们从常见的情况开始讲，假设你有 10 000 股 50ETF，想要长期持有，但不认为短期内大盘会飙涨，比较可能的行情走势是震荡向上或者慢牛，那么可以卖出虚值认购期权，行权价选近期价格形态上的阻力位或者虚值第 2 档，如图 4-36 所示。

从图 4-36 你会发现，收到的权利金只有 23 元，少得可怜啊，这太侮辱人了吧。这是因为 50ETF 在 3 元以上的行权价比较多，虚 2 档的规则比较简单，无法适用于所有情况，且在所截图中的隐含波动率很低，所以卖期权收不到什么钱。可见备兑策略也不是万能的，在隐含波动率低的时候就很吃亏，这时只能对冲下跌风险，并且还需要看Delta。

图 4-36　卖出认购虚值 2 档来组备兑策略

图 4-36 的备兑策略（10 000 股 50ETF ＋ 卖 3.2 认购期权），组合 Delta 是 9480，而纯 10 000 股 50ETF 的 Delta 是 10 000，从 Delta 来看，这个备兑策略只对冲了一点点下跌风险，如果你想防范更多，就需要卖得更实值。例如图 4-37 是卖 3.0 认购期权，总 Delta 是 4044，比纯股票的 10 000 Delta 小很多，可以减少比较多的下方亏损，但同时也牺牲了比较多的上方收益，如果再卖得更实值，还可以减少更多亏损。

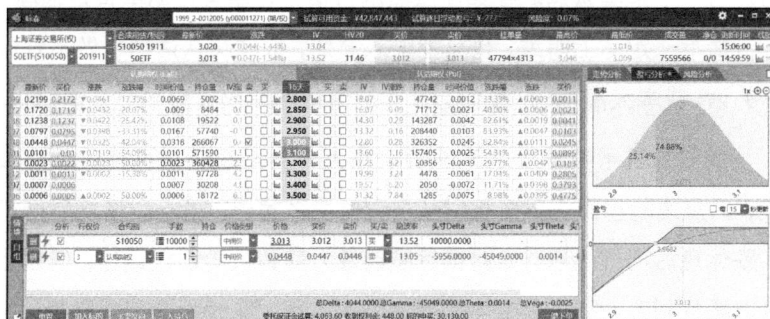

图 4-37　卖出认购平值来组备兑策略

图 4-38 是 50ETF 在 2018 年年初的刺激行情，如果当时你知道备兑策略，那么该怎么将其用在实战中？

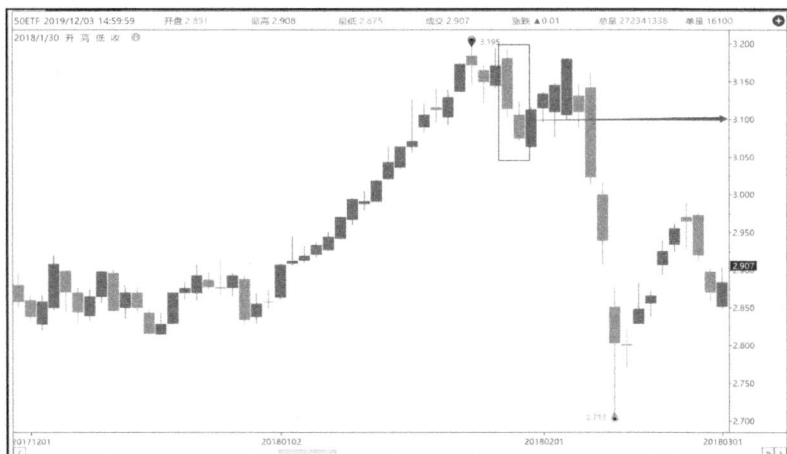

图 4-38　50ETF 在 2018 年 1 月的连续上涨行情

当行情一路向上时，无论你手中是持有 50ETF 还是持有中国平安股票，在上涨趋势中都希望持续待在场内，但随着股票价格不断上涨，你开始担忧，怕突然的行情回跌造成盈利回吐，尤其涨得越凶，跌得越惨。因此，你可以等到趋势开始减缓，甚至有下跌力道产生时（图 4-38 中方框处），开始对手中持股做保护。可以用两个方法，一个是买认沽，另一个是卖认购。在如此激烈的行情中，隐含波动率肯定很高，且行情不一定马上崩跌，也可能陷入震荡，故纯买认沽期权做下跌保护的话，成本太高，于是我们选择卖虚值认购期权或卖平值认购期权。

我们知道平值期权的时间价值最大，卖期权选它可以让收获最大，只是风险也大。下面我们从三个情境来解析：第一个情境是行情下跌休息后再往上涨，如此虽然股票最大获利被卖期权锁住，但依然可以赚权利金；第二个情境是行情陷入震荡，此时股票持续拿着，期权部分每天收割权利金；第三个情境是行情反转大跌，此时股票肯定亏惨了，而卖期权的权利金可以全部赚取，弥补一些亏损，但总体还是亏的，如出现图 4-38 的真实市场走势，这样光靠卖认购期权还不够，需要补买一些虚值认沽期权。

新时代 Alpha

备兑策略为新时代 Alpha，首先介绍什么是 Alpha。

在资本资产定价模型（CAPM）中，有个叫 Beta 的风险评估工具，用来衡量某股票或某投资组合相对总体市场的波动性，由此传达一个概念，股票所赚的钱不是因为你技术厉害赚取的，而是市场给的。你立刻表示不相信，回想有一年股票市场行情平均上涨 20%，但你手中的股票却上涨 30%，你认为这就是靠实力选出的好股。是吗？那么是不是在某年市场行情下跌 20%时，你的股票也下跌 30%呢？如果是这样，则表示你的股票 Beta 很高，Beta 大于 1，所以说股票天生就容易受大盘市场波动的影响，承担更高的风险。或许你不死心，说自己身边就有股票大牛，也买了好几个每年收益率超过 20%的产品。的确，做金融交易的人这么多，肯定会有高手，他们不只靠大盘市场波动盈利，而且在跟别人承担同等级风险的情况下，能取得超额收益，这个超额收益就叫 Alpha。

前面有提到"市场""大盘市场"等词，你会不会很好奇，这个用来比较的"市场"究竟是指什么？这是个好问题，如果不深入理解，在外面很容易被人忽悠。有些基金产品经理号称能打败指数，打败大盘市场，为投资者取得超额收益，但其究竟打败的是什么市场？笔者并不否认这些产品操盘者的实力，在金融市场没有对错，能持续盈利就是对的，只是身为投资者要识破营销名词，也需要学聪明一点。如果该基金产品持仓都是小型股、成长股，而比较的市场是"上证 50

指数"，那两者就没有可比性了。不同类型的股票，大型股与小型股在不同时空环境下，本来就有各领风骚的时候，唯有此基金产品的持仓选股锁定在上证 50 指数成份股里，结果每年还能打败上证 50 指数的收益，那才是真的厉害，此基金的投资组合就具有 Alpha，为客户取得超额收益。如果做不到，那么客户简单买 ETF（上证 50ETF、沪深 300ETF）就好，还能少付管理费，稳稳取得股票市场长期成长的收益。

理解 Alpha 和 Beta 后，我们终于要进入正题了——获得 Alpha 收益。这个策略的逻辑不难，选好几只厉害的牛股买进，然后搭配衍生品工具做空大盘市场，如此把 Beta 的风险去除（同时也去除大部分 Beta 收益，毕竟盈亏同源），能取得一个比较稳健的收益。当股票处于牛市时，手中所持股票跑赢大盘，取得正收益；当股票处于熊市时，手中所持股票亏钱，但做空大盘的衍生品会赚钱，能弥补亏损，甚至可能微赚，完美！

想象中的策略很美好，而在现实中要如何实现呢？做空大盘需要工具，传统上会用股指期货，所以在当年股指期货推出后，大量 Alpha 产品开始涌现，这些产品在某些时间段的确也取得了很好的收益，但在某些时期又很凄惨，遇到期货贴水（由于期货赌的是未来行情，所以跟对应的现货指数有些差异，贴水即现货比期货数值大，对未来悲观的市场环境就容易出现贴水），因为现货和期货在靠近到期日时会收敛，使得本来就赚得不多的 Alpha 策略，又在贴水上面亏损。

如果你懂期权，那么整个操作空间就可以大幅展开，除了用深度实值认沽期权在做空对冲上赢股指外，还可以卖认购期权形成备兑策略。例如，你可以在沪深 300 里选几只好股票，然后搭配卖沪深 300 认购期权，如此实现新 Alpha 收益，或者买上证 50 指数里的某些成份股，搭配卖沪深 300 认购期权，如此做跨指数的对冲交易。只是跟股指比起来，没有完全对冲掉大盘下跌的风险，需要自己控制对冲的大小。

备兑策略总结

对于害怕做卖方的投资者，备兑策略非常适合其第一次体验做卖方。在股票市场上，备兑策略能提高盈亏比，是很多机构基金的必备策略之一。行情总在区间震荡、缓步上移或下移，这些过程的时间价值不赚白不赚，万一遇到行情爆发，在有股票的情况下，总体组合也不亏，只是少赚一点而已。

——————— 进可攻退可守——价差策略 ———————

价差交易在传统认知上是一买一卖，例如你做股指期货跨期价差，可能买进的 5 月股指做多，卖出的 6 月股指做空，如此期待获取中间的价差利润。期权的价差策略也是一买一卖，但交易逻辑不太一样，主要有几方面的考量，一方面是降低风险，价差策略能让买方减少时间、波动率等耗损，帮卖方防范突然出现的暴击，另一方面在行权价之间波动率偏差太多的情况下，还能额外获利，在组合保证金推出后，价差策略能大幅提升资金使用效率。以下对价差策略的讲解，不是分为多头与空头价差，而是分为买方与卖方价差，也就是以付权利金或收权利金来区别，笔者认为这样比较容易理解它们的差别，而不拘泥于传统的看多、看空。

买方价差策略说明

图 4-39 是同时买进 3.0 认购和卖出 3.1 认购的 50ETF 期权，组成价差策略，江湖俗称牛市价差（因为是做多），简称为牛差，这名

字听起来就很牛，该策略需要付出权利金，还有一边的保证金（如果申请组合持仓，就能完全不用付保证金）。

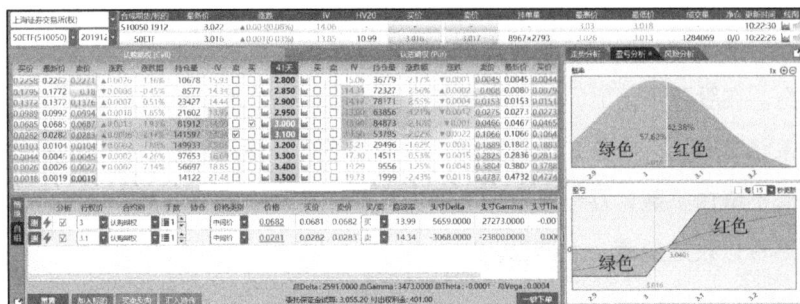

图 4-39　买入型牛市价差策略

从图 4-39 中能看到，牛市价差策略的亏损和盈利都是有限的，只要到期进入红色区域就赚钱，进入绿色区域就亏钱，但不会大赚，也不会大亏，属于稳扎稳打型的交易。注意，其最大亏损和最大盈利都要到期才会出现，这是什么意思？还记得看期权盈亏图的技巧吗？不能只看到期的合约，还要关心未到期的合约情况。咏春软件的盈亏图里有蓝色线，那就是未到期合约的盈亏曲线，假设 50ETF 价格在 3.0 元时，你布局了牛市价差，买 3.0 认购期权+卖 3.1 认购期权，最大盈利为 500 元，最大亏损为 400 元，结果行权价在第二天就快速拉涨到 3.2 元/张，你也不会实现最大盈利 500 元，而是可能只有 350 元盈利，剩下的需要时间来收取。图 4-40 就是分析时间变动后策略的盈亏，因此，在正常情况下，牛市价差策略适合慢涨行情。

看到上面的说明，你可能觉得这个策略有点复杂，而且赚钱也不痛快，但在实战应用时，我们可以做一些调整，不用一直拿到期，可以拆腿离场，也可以整组移动。以图 4-41 为例，假设在 2019 年年初上升趋势中，你运气好在 50ETF 底部建了一个买 2.3 认购+卖 2.35 认购的牛市价差（最大获利为 200 元），结果行权价很快涨到 2.4 元/张，浮盈是 120 元，此时价差策略需要靠时间把最后的 80 元获利拿到，这时你认为上涨趋势已经形成，想继续追涨，于是将此策略平仓获利出场，然后再建立一个买 2.35 认购+卖 2.45 认购的牛市价差。行情一路向上，你也如此一路接力移动策略，不断止盈，即使中间突然快速回调下跌也不怕，因为亏损有限，总体获利许多，因此心态也非常稳。

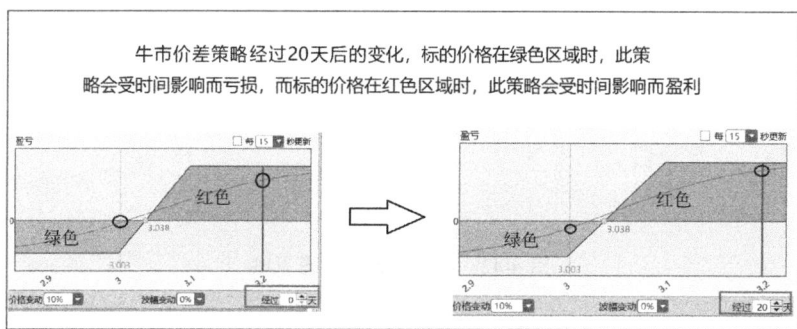

图 4-40　牛市价差策略经过 20 天变化

图 4-41　上涨趋势中一路止盈移仓牛市价差

再来看做空的价差策略，图 4-42 是同时买 3.0 认沽和卖 2.95 认沽的 50ETF 期权，组成价差策略，江湖俗称熊市价差，简称为熊差，也需要付出权利金以及一边的保证金（如果申请组合持仓，就能完全不用付保证金）。

图 4-42　买入型熊市价差策略

从图 4-42 中可以看到，熊市价差策略的亏损和盈利一样有限，只要到期进入红色区域就赚钱，进入绿色区域就亏钱，但不会大赚，也不会大亏，属于稳扎稳打型的交易策略。其实际应用也跟之前的牛市价差一样，需要对未到期合约进行分析，也能根据行情做价差策略的连续接力。在正常情况下，熊市价差策略适合慢跌或者标的商品在某一区间震荡行情。如果你认为行情要下跌到另一区间震荡整理（如图 4-43 方框所示），但不确定发生的时间，而直接买认沽期权可能会承受大量时间耗损，那么此时就可以做熊市价差策略。

接着用 Greeks（希腊字母）来深入理解买方价差的特色，我们以咏春软件的风险分析来看买 3.0 认购+卖 3.1 认购的 Greeks 情境，如图 4-44 所示。

图 4-43　棉花期货在 2019 年的连续震荡下跌

图 4-44　买入型牛市价差的 Greeks

先看 Delta，无论行情如何变动，它都是正的，只是大小不同，毕竟这是牛市价差策略，整体是做多的。再来看 Gamma，你会发现它的正负值不是固定的。在以往的认知里，期权买方的 Gamma 为正，拥有加速度特性，代表做对时会自动加仓，做错时自动减仓，让买方能快速获利翻倍。而期权卖方的 Gamma 为负，代表做对时会自动减仓，做错时自动加仓，能让卖方瞬间亏损翻倍。但此刻价差策略同时具有 Gamma 为正和负的可能，这也合理，毕竟该策略本来就是买方与卖方相结合的，行情越靠近卖方那条腿，策略特性就会越偏卖方，使 Gamma

变负、Theta 变正、Vega 变负；若行情越靠近买方那条腿，策略特性就会越偏买方，使 Gamma 变正、Theta 变负、Vega 变正。

不常做期权卖方的朋友对这些 Greeks 数值可能没什么感觉。假设你做买 3.0 认购+卖 3.1 认购的价差策略，当标的行情价格跌到 2.9元时，就会很怕时间流逝，因为每过一天都在白白亏损，但如果标的行情价格涨到 3.2 元，你就会希望时间快速流逝，因为每过一天都在朝最大获利前进。

对收益要求比较高的朋友，可能瞧不起价差策略。这在以前或许的确如此，但在组合保证金推出后，原本 3000 元只能做 1 手价差策略，现在则可以做 15 手，增加了资金使用效率，可视为加大了杠杆，且是在风险可控的条件下，能大幅提升收益。

真正喜欢用价差策略的投资者，看重的是它能根据局势设计出好的盈亏比，如果概率又有利，就能实现正期望值交易，如此重复操作，长期而言就能盈利。但什么是好的盈亏比呢？我们先来比较以下两种牛差策略。

图 4-45 的牛市价差（买 2.95 认购+卖 3.0 认购），成本是支付权利金 291 元，最大获利为 209 元，盈亏平衡点为 2.9791，盈亏比不到1 : 1，胜率有 60%。图 4-46 的牛市价差（买 3.1 认购+卖 3.2 认购），成本是支付权利金 158 元，最大获利为 842 元，盈亏平衡点为 3.1158，盈亏比约为 1 : 5，胜率是 14%。同样都是牛市价差策略，但选的行权价不一样，它们的特性就有很大的不同。从人性来看，一般人肯定喜欢盈亏比高的策略，但同时就要承担其胜率低的缺点。在期权世界里，经常会出现这样的抉择：胜率和盈亏比的取舍。如果你做买 2.95 认购+卖 3.0 认购的牛差，不管行情上涨还是横盘，你都赚钱，而做买3.1 认购+卖 3.2 认购的牛差，则只有行情上涨（而且要涨很多）才能

赚钱，这也是两种策略背后盈利逻辑的差异。

图 4-45　买 2.95 认购+卖 3.0 认购

图 4-46　买 3.1 认购+卖 3.2 认购

听说还可以用认沽期权组成牛市价差？是的，下面介绍的收权利金的牛市价差策略，就是由认沽期权组成的，其实如果你还记得Put-Call Parity，就会明白期权互相能做自由交换，Call 就是 Put，认沽就是认购。而如图 4-47 所示的牛市价差有人叫它领口策略，就是用现货股票搭配买认沽和卖认购组成的，其交易逻辑是用买认沽期权来保护股票，但又不想付太多保费，于是多卖了认购期权，结果其盈亏图就如同牛市价差的一样。

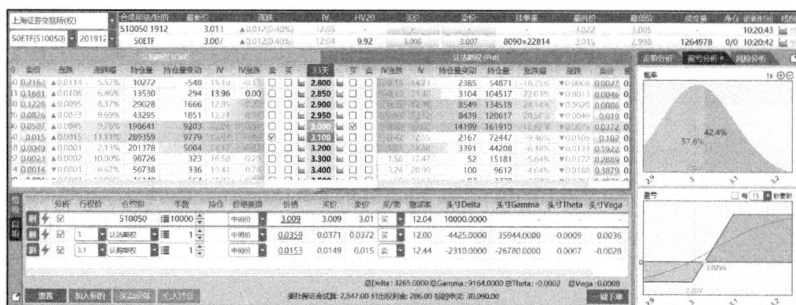

图 4-47　领口策略

卖方价差策略说明

图 4-48 是同时卖 3.0 认沽和买 2.95 认沽的 50ETF 期权，组成价差策略，其会收到权利金，但要付一边的保证金（如果申请组合持仓，则保证金可以降低）。

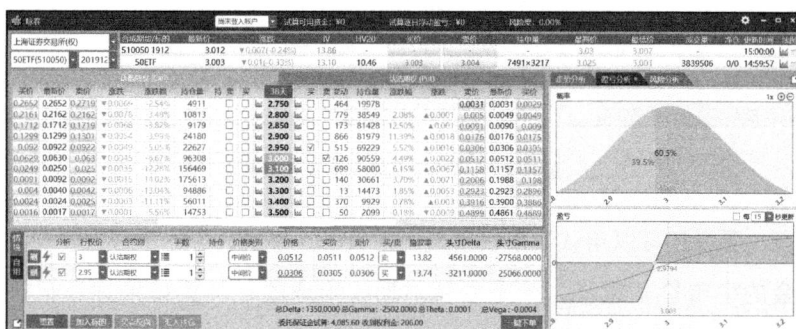

图 4-48　卖出型牛市价差策略

图 4-48 的价差策略也叫牛市价差，是做多，盈亏平衡点是 2.9794，到期时行情价格点在 2.9794 以上就能赚钱，在 2.9794 以下就亏钱，最大获利有限，就是一开始收的权利金 206 元，最大亏损也有限，是稳扎稳打的策略。与买方价差一样，卖方价差也不是非要拿

到期，中途都能平仓或拆腿，因此我们更关注未到期合约的盈亏情况。在正常情况下，卖方的牛市价差策略适合慢涨行情。

除了做多外，也可以做空，图 4-49 的卖方价差策略就是熊市价差：卖 3.0 认购+买 3.1 认购，盈亏平衡点是 3.038，到期时行情价格点在 3.038 以下就能赚钱，在 3.038 以上就亏钱，最大获利有限，就是一开始收的权利金 380 元，最大亏损也有限。

图 4-49　卖出型熊市价差策略

既然是收权利金的策略，那么卖方价差一样能靠时间流逝来获利，且相对于裸卖，风险还有限，这些优点是用盈利来换的，相比裸卖，卖方价差的最大获利较小，属于稳扎稳打型的策略。

用 Greeks 可以更深入地理解卖方价差，为了平衡观点，不能总是只看做多，这次我们以咏春软件的风险分析来看卖 3.0 认购+买 3.1 认购的 Greeks 情境。如图 4-50 所示，Delta 都是负的，可理解为这是做空的熊市价差，在当前行情下，Theta 为正，能靠时间赚钱，但随着行情突破平衡点后，Theta 变为负，时间流逝反而对你不利。因此如果以后做这种策略，当行情突破你的盈亏平衡点后开始震荡，且大概率不会跌回来了，就应该提前止损，还能收回大部分时间价值，减少时间亏损。Gamma 和 Vega 就不重复说了，相信你能举一反三，看图 4-50 里的正负区间，就能明白不同价格对这个策略的影响也不同。

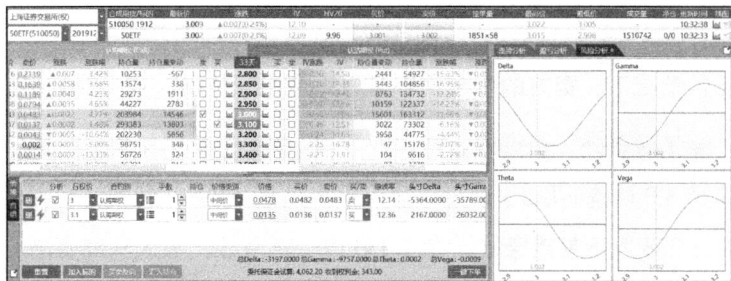

图 4-50　卖出型熊市价差 Greeks

　　问题来了，同样是做多或做空的价差策略，到底应该用买方好，还是用卖方好呢？根据你的需求可以有不同选择，但有个通用的判断方法，就是看隐含波动率等级。隐含波动率有听过，但隐含波动率的等级完全没听过啊！别怕，其实它的道理很简单，就是比较商品目前的隐含波动率数值和过去一段期间内的隐含波动率数值，看是处于百分位的哪个地方，百分位等级从 0 到 100，100 代表目前的隐含波动率处于历史最高位，0 代表目前的隐含波动率处于历史最低位，我们在策略星学院网站上做了 IV 龙虎榜（如图 4-51 所示），就是用来做隐含波动率等级比较的，其实这在国外叫"IV Percentile"，为了符合国人习惯，我们为它取名叫 IV 龙虎榜。

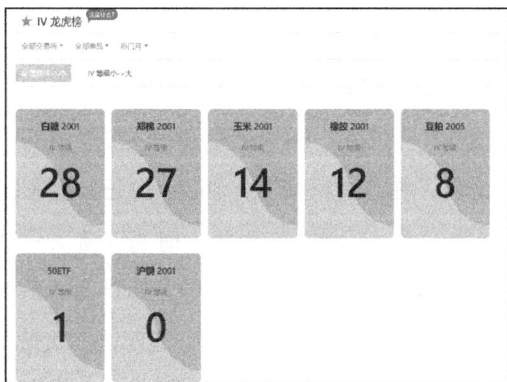

图 4-51　策略星学院网站的 IV 龙虎榜

　　下面先说 IV 龙虎榜怎么用，再详细说明数值是如何计算出来的。在实战中，对于前面介绍的价差策略，或者其他期权策略，有个常见困扰，就是到底要偏买方还是偏卖方呢？如果对于行情有独特见解，那么可以直接根据标的走势做期权布局，例如直接买进虚值或平值期权。但有时候方向比较"暧昧"，且希望能靠期权做出稳定的布局，那就需要使用价差策略。至于要用买方价差还是卖方价差，可以根据 IV 龙虎榜来判断，在没有对特殊行情迷恋的情况下，若商品在 IV 龙虎榜等级为 0~30，则建议偏买方策略；等级为 30~100，则建议使用偏卖方策略。

　　在知道怎么用之后，大家就会开始好奇，这个 IV 龙虎榜的数值是怎么算出来的？首先要确定这个 IV 的定义，我们这里用的是 VIX，关于 VIX 的来源前面已介绍过，它能代表标的商品当前隐含波动率水平，每分、每秒都能计算出 VIX，而我们用的是每日计算一次，并将它跟前面一年的历史数据做比较，看之前有多少日的 VIX 比目前低。举个例子，如果沪深 300 期权历史只有 5 天数据，它的 VIX 分别是 10、11、14、14、16，今天沪深 300 期权的 VIX 算出来是 17，前面 5 笔数据都比今天低，5/5=1，那么今天沪深 300 期权的 IV 龙虎榜等级就为 100。再举个例子，如果黄金期权历史只有 6 天数据，它的 VIX 分别是 12、12.5、13.4、17.2、19、19.5，今天黄金期权的 VIX 算出来为 18.2，前面有 4 笔数据比今天低，4/6=0.66，那么今天黄金期权的 IV 龙虎榜等级就为 66，这样你就应该清楚 IV 龙虎榜是怎么来的了。

不等比率价差策略说明

　　前面介绍的价差策略，使用的比率都是 1:1，也就是买和卖各一手，如此形成亏损和盈利都对称锁住的策略。但交易者对市场未来的预期，有时候是复杂的，且有概率性，可能是"这个月大概率不会突破 2000 点，一旦突破就会喷发大行情"，或者"本周面临震荡，下跌和上涨的机会是 7:3"。期权不会受限于单调的操作，我们的价差策略是否可以做成 1:2、1:3、2:3、3:5 呢？答案是可以的。不同比率的价差会展现出不同特性，由于原理类似，下面就以 1:2 的比率价差做范例，其他就要靠读者举一反三了。别慌，相信你可以的，但记住，不要把策略搞复杂，我们是为了应对行情的诡异变化，才陆续拼出各种价差策略的。

图 4-52 是同时买进 3.0 认购 1 手和卖出 3.1 认购 2 手的 50ETF 期权，组成比率价差，有人叫它正比率价差，英文是 Ratio Spread，其付出权利金是 199 元，需要付保证金（如果申请组合持仓，能降低保证金）。

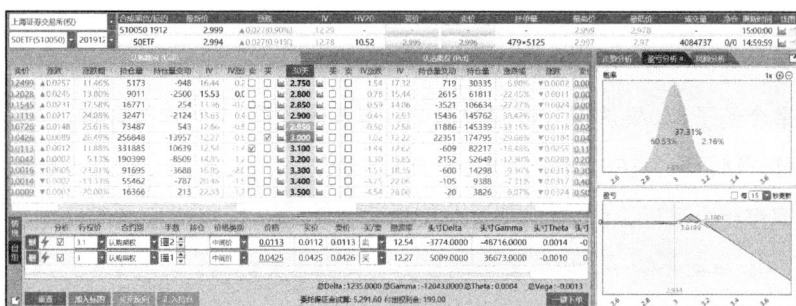

图 4-52　偏多的正比率价差

从图 4-52 中可以看到，这个策略虽然在下单时做多，但又觉得不会涨太多，预测到 3.1 认购期权时会有很大阻力。由于在 3.1 认购期权处卖了 2 手，因此相比 1:1 的买方型牛市价差，其权利金成本比较低，万一行情大幅回跌也不怕，因为损失很少。由于卖方部位比较多，所以它的特性偏卖方，时间对它有利，波动率上升对它不利，Delta 在布局时为正，但随着行情逼向 3.1 认购期权，Delta 会转为负。

当然也可以使用认沽期权组合，图 4-53 是买进 2.95 认沽 1 手和卖出 2.85 认沽 2 手的 50ETF 期权，一样是比率价差策略，只是变成了偏空，付出权利金为 222 元，最大获利为 778 元。注意，这不是说非要拿到期，如果觉得获利差不多了，那么随时可以看情况止盈出场，它的胜率很高。以图 4-53 的盈亏分析来看，不怕上涨，因为亏损有限，而下方获利区域很宽，标的价格只要在 2.722 元到 2.9278 元，该策略都能赚钱。这看起来很美好，但此时有疑问，能不能将布局成本再降低一些？突发暴跌或暴涨时该怎么处理？

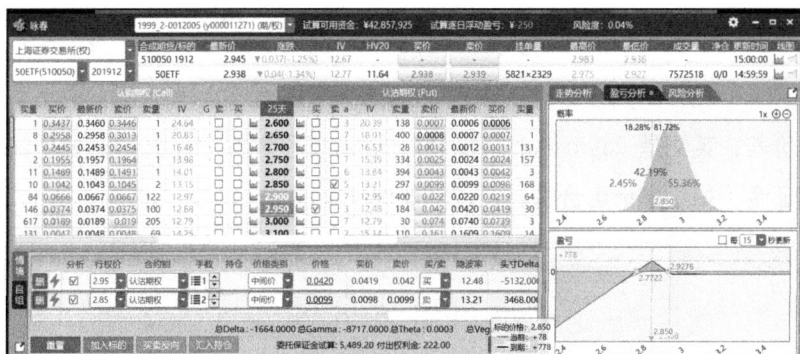

图 4-53　偏空的正比率价差

前面说过，比率价差的买方与卖方比率是可以自由调整的，如果要降低布局成本，则可以将比率调整为 1:3，如买 2.95 认沽 1 手和卖 2.85 认沽 3 手，这样可使权利金成本更少，但下方风险也会增加。现在得直视一个难题，遇到凶狠行情怎么办？以 1:3 偏空的比率价差来说，一旦标的 50ETF 行情开始快速下跌，此时你就会感到下跌力道颇强，有可能会暴跌，但大概率会被守住，短期内也不太会涨了，可以立即买进 2.95 认沽 2 手，把原本的比率价差变成熊市价差，如图 4-54 所示，以此确保获利，不管它跌到哪儿。

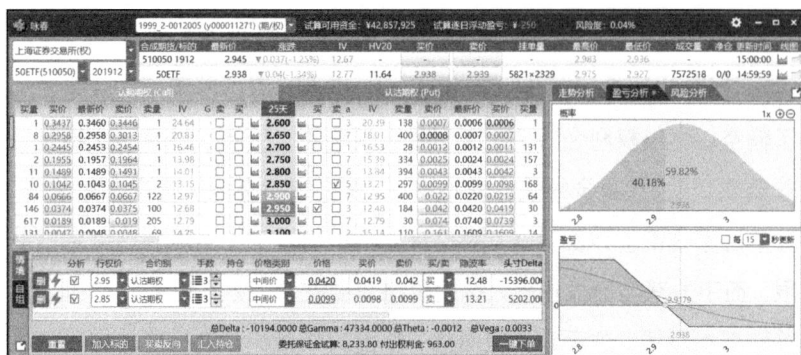

图 4-54　把比率价差调整为熊市价差

再来看比率价差的另外一面。图 4-55 是同时卖 2.9 认购 1 手和买 3.0 认购 2 手的 50ETF 期权，组成不等比率价差，有人叫它逆比率价差，英文是 Ratio Back Spread，收到权利金为 289 元，需要付保证金（如果申请组合持仓，能降低保证金）。

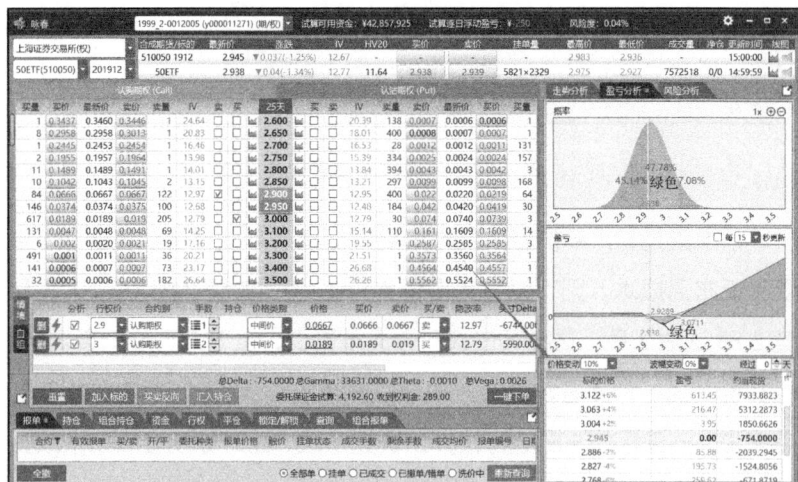

图 4-55　逆比率价差

从图 4-55 中感觉该策略是在做多，但下跌也赚钱，唯一不好的就是中间有个绿色区块，如果到期前慢慢涨到此区，该策略就会亏钱。

从图 4-55 右下方框中看到该策略无论涨跌都赚钱，要注意那是布局当下的情境分析，如果时间过了 16 天（如图 4-56 所示），盈亏就变了，亏损的情况出现，总体看，该策略偏买方，时间对它不利，波动率上升对它有利。笔者平时也喜欢使用逆比率价差策略，搭配某些市场环境，它能带来很高的获利机会，以图 4-57 的实战案例来说明。

图 4-56　过了 16 天的逆比率价差分析

图 4-57　沪铜期货在 2019 年年中的走势

当时大约是 2019 年 7 月初，铜期权隐含波动率很低，这虽然对买方有利，但铜期货近期走势的确很萎靡，一直小幅震荡，没什么趋势，除非做日内，不然买期权的亏损概率非常大。于是笔者在图 4-57

中第一个方框区时，做了卖 47000 认沽期权 1 手+买 46000 认沽期权 2 手，组成偏空的逆比率价差（如此，上涨或下跌都能赚钱），期待它破底快速下跌。没过几天，行情真的突然跳空下跌，整体部位开始出现浮盈，由于没来得及平仓，铜期货在触底后就反弹向上，所以出现了悲剧，盈利都没了。好在铜期货随后又一路向上，笔者整体又盈利了，于是就及时止盈出场，虽然获利不多，但比起裸买期权赌单边而言，还是不错的，所以说该策略真的进可攻、退可守。

使用这些价差策略，除了判断标的的方向外，我们还能通过隐含波动率的偏差来额外获利。还记得期权有三个维度能赚钱吗？即方向、时间、波动率，有些机构尽量把方向的风险去除，也就是 Delta 为中性，纯粹做波动率套利交易，他们是怎么做的呢？我们先看图 4-58，来自咏春大师软件的波动率分析。

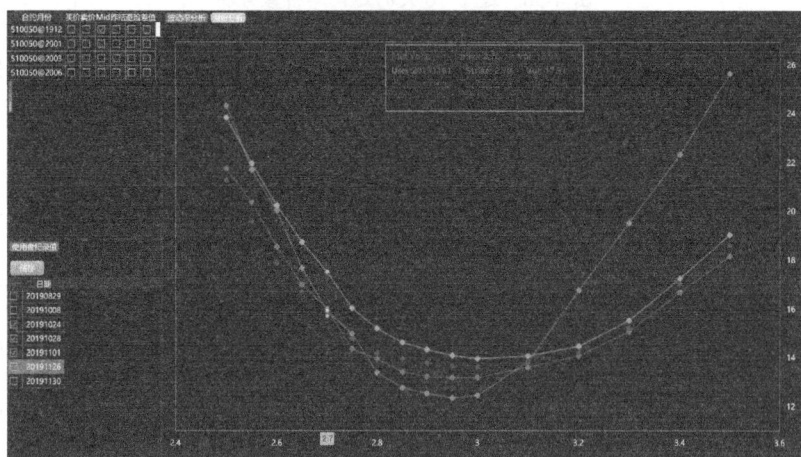

图 4-58　50ETF 的隐含波动率曲线

图 4-58 是 50ETF 的 2019 年 12 月期权在不同日期（10 月 24 日、10 月 28 日、11 月 1 日、11 月 29 日等）的隐含波动率曲线，从前面的章节里我们知道，该曲线会随着行情走势、投资者情绪等波动，而

专业投资者如果有对这些曲线的各种形态做统计，就能做波动率的统计套利。常见统计 Skew（偏度）的方法是看 Call 的 0.25Delta 和 0.5Delta 的隐含波动率差值，以及 Put 的 0.25Delta 和 0.5Delta 的隐含波动率差值。假设你发现 Call 在 0.25Delta 的隐含波动率减去 0.5Delta 的隐含波动率，比过去统计的数据小很多（或者比模型预估的小很多），代表虚值期权相对平值不贵了，此时就能做逆比率价差，买 2 手 0.25Delta 的期权合约+卖 1 手 0.5Delta 的期权合约，此时 Delta 为 0，等隐含波动率差距回归后平仓赚钱。而在实际交易时，很难有 Delta 刚好为 0.25 或 0.5 的合约，所以只能做出大概的配比（如图 4-59 所示），要严格为 0，就得买卖标的物来做对冲。

买量	买价	最新价	卖价	卖量	IV	Delta	卖	买	25天	买	卖	Delta	IV	卖量	卖价	最新价	买价	买量
1	0.2445	0.2453	0.2454	1	16.46	0.9739	□	□	2.700	□	□	-0.024C	16.53	28	0.0012	0.0012	0.0011	131
2	0.1955	0.1957	0.1964	5	13.98	0.9647	□	□	2.750	□	□	-0.0469	15.39	334	0.0025	0.0024	0.0024	157
11	0.1489	0.1489	0.1491	1	14.01	0.9104	□	□	2.800	□	□	-0.0845	13.84	394	0.0043	0.0043	0.0042	3
10	0.1042	0.1043	0.1045	2	13.15	0.8251	□	□	2.850	□	□	-0.1734	13.21	297	0.0099	0.0099	0.0098	168
84	0.0666	0.0667	0.0667	122	12.97	0.6744	☑	□	2.900	□	□	-0.3228	12.95	400	0.022	0.0220	0.0219	64
146	0.0374	0.0374	0.0375	100	12.68	0.4847	□	□	2.950	□	□	-0.5132	12.48	184	0.042	0.0420	0.0419	30
617	0.0189	0.0189	0.019	205	12.79	0.2995	□	☑	3.000	□	□	-0.698C	12.79	30	0.074	0.0740	0.0739	3
131	0.0047	0.0048	0.0048	69	14.25	0.0927	□	□	3.100	□	□	-0.8907	15.14	110	0.161	0.1609	0.1609	14
6	0.0020	0.0021		2	17.16	0.0375	□	□	3.200	□	□	-0.9378	19.55	1	0.2587	0.2585	0.2585	3
491	0.001	0.0011	0.0011	36	20.21	0.0192	□	□	3.300	□	□	-0.9715	21.51	1	0.3573	0.3560	0.3564	1

情境/自组	分析	行权价	合约别	手数	持仓	价格类别	价格	买价	卖价	买卖	隐波率	头寸Delta	头寸Gamm
测	☑	3	认购期权	2		中间价	0.0189	0.0189	0.019	买	12.79	5990.0000	68560.000

总Delta: -754.0000　总Gamma: 33631.0000　总Theta: -0.0010　总Vega: 0.0026

委托保证金试算：4,192.60　收到权利金：289.00

重置　加入标的　买卖反向　汇入持仓　一键下单

图 4-59　实际行情的 Delta 没有整数

价差策略如何选择行权价

学了基本价差策略，也学了比率价差策略，但在实战中常有这种困扰：由于期权行权价较多，投资者即使知道某个策略，也有很多种选择，光是单单买个期权就很伤脑筋，何况现在价差策略是一买一卖，行权价组合的选择更多，这对于准确细分行情的要求更高，也提高了新手门槛。我们这里有两个技巧，能辅助你在做价差策略时对行权价进行选择。

第一个技巧是利用隐含波动率偏差。同样做价差策略，由于认购和认沽期权的隐含波动率不一定相同，就会造成策略的盈亏比不同。有时候投资者会有特殊偏好，例如害怕行情下跌，平值认沽期权的隐含波动率大于平值认购的隐含波动率，这时候你去组价差策略时，就算都是牛市价差，两者的盈亏比也会有差别，所以可以选择对你有利的期权，以卖平值认沽期权来组。

还能将隐含波动率利用在预测上。如果你觉得此商品目前整体隐含波动率被高估，就尽量组卖平值的价差策略；如果觉得目前隐含波动率被低估，就尽量组买平值的价差策略。

第二个技巧是根据对行情的信心。不同价差策略组合对行情的需求不一样，我们以图 4-60 的三个组合为例进行分析（当时标的 50ETF 价格为 2.967 元）。

组合方式	A 买2.9认购+卖2.95认购	B 买2.95认购+卖3.0认购	C 买3.0认购+卖3.1认购
盈亏比	0.55	1.06	3.25
盈亏平衡点	2.9323	2.9742	3.0235
胜率	64%	48%	29%

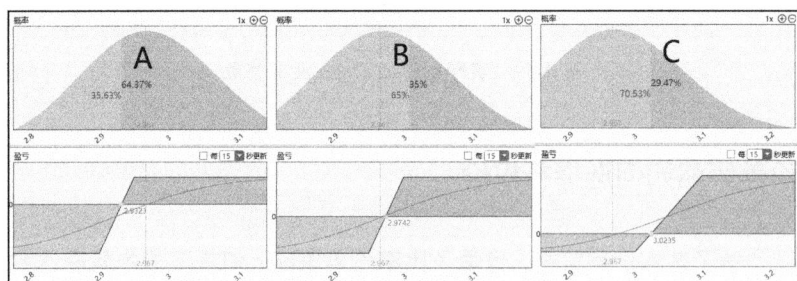

图 4-60 三种不同行权价组合的价差策略

图 4-60 中 A、B、C 这三个价差策略都是牛市价差。我们来看盈亏比和胜率，两者再次展现反比关系，盈亏比越高的策略胜率就越低。

再来看对行情的判断，A组合只要行情保持目前状态就好，靠时间的流逝躺着赚钱；B组合要行情继续往上涨一点，然后再靠时间的流逝躺着赚钱；C组合则需要行情大幅上涨，才能赚钱。

综合以上，我们来融合应用一下。如果你觉得某商品在底部徘徊震荡时间够久了，隐含波动率也很低，近期内应该会开始反弹，但上涨速度无法确定，那么此时你可以用B组合的牛市价差，买平值+卖虚值2档，在慢涨或快涨+隐含波动率开始上扬的环境下获利。

如何拆腿调整

在纯粹做买方或卖方的时候，前面已经讲过，有各种拆腿和移动行权价的套路可以用，同样，在价差策略上也可以。担心读者如果没有实战经验会被后续的内容弄晕，笔者整理了表4-13，后面将以牛市价差的买入和卖出型搭配案例进行解说，以牛市价差示范是为了配合投资者习惯，熊市价差同理，读者可以举一反三。

表4-13　价差策略在不同行情的调整

	买入型牛市价差	卖出型牛市价差	买入型熊市价差	卖出型熊市价差
一段时间缓涨	可止盈后移动	可止盈卖方部位	可止盈卖方部位	可止损后移动
一段时间缓跌	可止盈卖方部位	可止损后移动	可止盈后移动	可止盈卖方部位
预判连涨趋势开启	可加仓买方部位	可加仓卖方部位或加买看涨	可加仓卖方部位	可加仓买方部位
预判连跌趋势开启	可加仓卖方部位	可加仓买方部位	可加仓买方部位	可加仓卖方部位或加买看跌
行情不动	可考虑移动或加卖看跌	不动	可考虑移动或加卖看涨	不动

假设我们在图4-61第一个圆圈时期布局了买2.95认购+卖3.0

认购期权，属于支付权利金的买入型牛市价差，做该策略是因为预期走势会一定程度上涨。接下来没几天，行情果真开始上涨，一路涨到图 4-61 的第二个圆圈附近，此时你开始犹豫，虽然已经有浮盈，但由于价差策略本身的限制，需要时间磨损来达到最大获利，且如果行情继续向上，也跟你没关系了，那么该怎么办？是否可以拆腿来应对？首先，你要评估自己对行情是否有把握，如果认为行情持续大幅上涨的可能性很高，则可以加仓实值认购，或者止损掉原本的 3.0 认购卖方，让上方获利无限制。但如果果行情不如预期，开始下跌，或者陷入横盘震荡，则原本的浮盈会快速回落，甚至开始亏钱，该怎么办？

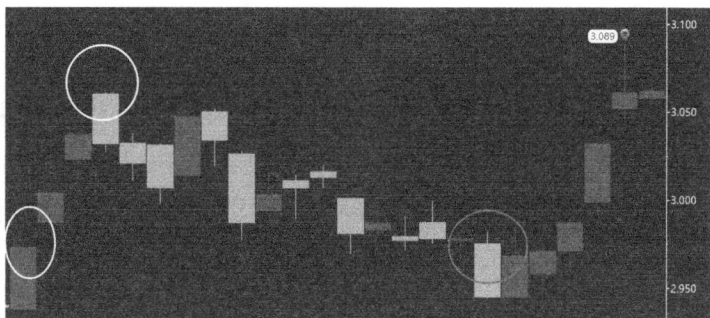

图 4-61　50ETF 在 2019 年第四季度的震荡上涨行情

想一想当初采用价差策略的原因，我们就是对行情不确定，愿意牺牲暴利来换取稳定收入，所以不轻易裸单边扛风险。回到图 4-61 第二个圆圈处，还有一个选择，就是移动牛市价差。原本的买 2.95 认购+卖 3.0 认购组合已经盈利了，假设一组获利 100 元，那么平仓后往上布局新的牛市价差，例如买 3.1 认购+卖 3.2 认购期权，此时新的组合可能只要支付权利金 80 元，那么你不仅把 100-80=20 元的利润留下来了，还多了一组没有成本的牛市价差在场上，万一行情真的向上喷发，你还能继续盈利，多开心！

再看另一种情况，回到图 4-61 第二个圆圈处，如果你判断行情阶段性上涨结束了，将大概率陷入震荡回调，那该怎么办？直接止盈离开？万一判断错误，标的商品行情继续上涨，你会感到后悔不已，而且会陷入是否追买的选择困境。

我们还是回到买入牛市价差的本质来分析。在第二个圆圈时，时间对你有利，你不怕震荡，也不怕上涨，只有下跌对你不利。如果行情快速下跌，但你不认为是崩盘，则可以把 3.0 认购卖方止盈出场，留下 2.95 认购买方，当个便宜的彩票，一旦行情回弹（如图 4-61 第三个圆圈之后的行情），那么这次你就能满载而归了。如果行情不是快速下跌，而是缓慢下跌，则要把隐含波动率也纳入考量，当隐含波动率数值也从高位开始回落，你可以加卖 3.0 认购期权，形成比率价差，而如果隐含波动率一直处于低位，那就在行情缓跌一段时间后，择时止盈卖方部位，留下买方彩票。对于担心留下彩票归零的朋友，其实还没有结束布局，还能换到远月去加卖（前提是你觉得近月的风险收益比不划算了），组成跨月的日历价差。永远不要忘记，期权是动态的。

你可能会想，既然在持有牛市价差时知道下跌趋势将开启，或在持有熊市价差时知道上涨趋势将开启，那么为何不提前止损或止盈出场呢？面对行情的反转下跌，如果你很确定，当然可以提前离开，但我们通常处于不确定的环境中，应该靠调整来适应环境，而不是主观猜想环境应该怎样变化。

同样看涨，这次我们在图 4-61 第一个圆圈时换布局：卖 2.95 认沽+买 2.9 认沽期权，属于收权利金的牛市价差，预期走势可能缓步上涨。接下来没几天，行情果真开始上涨，一路冲到图中第二个圆圈附近，如果你觉得涨到压力位了，不太能继续涨了，那么接下来该怎么处理？最直接的处理方式就是止盈 2.95 卖方部位，留下 2.9 认沽买方部位当彩票，跟前面处理的逻辑类似。但有个细节这里要强调一下，即距离到期多远也很重要，只要时间对你的价差策略有利，就将整组策略留在场上久一点，而在快到期时（例如 1～10 天），才建议拆腿，留下单腿彩票。因为当我们拆腿留下单边彩票时，把原本获利的卖方止盈了，其实是在做逆势交易，如果买方部位还剩下很多权利金价值，那么一旦行情趋势一路延续，最终反而会亏损，但如果买方部位没剩多少权利金，就能利用期权天生的不对称性盈利，甚至可以期待中奖。

再看另一种情况。回到图 4-61 第二个圆圈，假设你在此时才进场做牛市价差，选择卖 3.0 认沽+买 2.95 认沽期权，很不幸，进场没多久就开始下跌，账户出现亏损，怎么办？别慌，你使用价差策略，在进场前就有事前风控，亏损有限。除非你很确定这是大跌的开始，那么可以直接止损出场，或者加买 2.95 认沽期权组成比率价差。还有另一种处理方式。首先，你去倒杯咖啡，什么？不喝咖啡？那么可以泡杯茶，然后将心态放松，静静地看局势发展，并想好应对方式。如果标的价格一路跌到 2.95 元附近，再把原本的组合平仓后往下移动，变成卖 2.95 认沽+买 2.9 认沽期权的牛市价差。

当行情来到图 4-61 第三个圆圈附近时，你就按上面的计划移动牛市价差，从卖 3.0 认沽+买 2.95 认沽移动到卖 2.95 认沽+买 2.9 认沽。通常股票类期权在下跌时隐含波动率会上升，而平值期权的时间价值又最大，你在移动部位时，其实是卖 2.95 平值认沽期权两次（一次是平仓，一次是开仓），一旦行情出现反弹或陷入震荡，你的获利就很丰厚。如图 4-61 所示，后续行情反转上攻，原本亏损的部位转败为胜，开心吧？但拥有独立思考能力的你，此时会有疑问：行情也可能一路下跌啊，是故意选成功案例的吧？没错，肯定要选成功的案例来做示范啊，不然怎么给你信心？但不要怕，这种成功案例有很多，不是特例。对于图 4-61 的案例，即使在第三个圆圈后的行情一路下跌也不用怕，因为亏损有限，只能说这次判断错误，愿赌服输。如果害怕，那么你在移动牛市价差时，还可以选择远月，多加一层时间的保护，行情很难一路走到底，中间的反复震荡行情，都是你回本的机会。

本节虽然讲了很多价差策略的调整方法，但在实战中有更多变化，不要局限在这短短的几页文字中，要理解它的核心逻辑，懂得举一反三，这样才能更好地面对诡谲多变的市场。另外，不是只有价差策略才能做如此的调整，即使你一开始布局只有买期权或卖方跨式，也一样可以在不同环境下进行动态调整！

日历价差

下面介绍日历价差策略（Calendar Spread），它跟前面介绍的策略之间最大的差别就是合约月份，前面的价差策略都是在买卖同个月份的合约，而日历价差则是同时买卖不同月份的合约，可能买 3 月+卖 4 月，也可能卖 4 月+买 6 月，行权价可以相同，也可以不同。日历价差策略整体而言更复杂一些，因为不同月份的 Greeks 和隐含波动率的变化速度是不同的，这里直接讲该策略的精华，不做太学术化的探讨。

这里不做数学推导，直接说结论。在同行权价时，近月和远月的差异如下：近月时间耗损比远月快，近月的 Gamma 比远月大，近月的 Vega 比远月小，远月虚值的 Delta 比近月大。

以往在同个月份做期权策略时，Vega 和 Gamma 是同向的，例如你买认购期权，Vega 和 Gamma 都会是正的。Gamma 为正代表在方向加速度方面有利，Vega 为正代表在隐含波动率上升方面有利，但有时候我们会有不同的想法，想靠方向获利，但又预期隐含波动率下降，如此就得靠交易不同月份的期权合约来实现了。

一般做日历价差有两大类型，我们同样以权利金支付或收取来区分。当你买近月+卖远月时，会收到权利金，因为远月权利金比较高，这种策略可以叫卖出型日历价差，此时整体部位的 Gamma 为正、Theta 为负、Vega 为负。而当你卖近月+买远月时，会支付权利金，因为远月权利金比较高，这种策略可以叫买入型日历价差，此时整体部位的 Gamma 为负、Theta 为正、Vega 为正。

由于是跨月，因此不太好用图来解说，但仔细想一想，同样是一买一卖，也是价差策略，所以它的盈利和亏损也是有限的。我们以图 4-62 为例，假设在 2020 年 3 月时 50ETF 价格为 3.0 元，你卖出 3 月 50ETF 期权 3.0 认沽+买入 4 月 50ETF 期权 3.0 认沽，总共支付权利金 200 元。结果很不幸，3 月 50ETF 结算价格是 2.92 元，你的 3.0 认沽卖方要被行权了，于是被迫以价格 3.0 元买入 50ETF 1 万股。你再继续拿着等，等到 4 月结算时，很不幸，4 月 50ETF 价格跌到 2.85 元，好在你有 3.0 认沽期权买方，可以把手中那 1 万股 50ETF 以 3.0 元的价格卖掉，最终在股票上没亏没赚，而期权的权利金总共损失 200 元，亏损也有限。

	开场布局	3月结算在价格2.92元	4月结算在价格2.85元	最终
卖3月认沽+买4月认沽	支付权利金200元	买入1万股，价格在3.0元的50ETF	卖出1万股，价格在3.0元的50ETF	亏损200元

图 4-62 买入型日历价差盈亏解析

为了方便学习，我们在分析策略时会以到期来看，但在实际交易中，我们很少把这种策略拿到期，常常是提前平仓出场，而两种日历价差获利的思维是不一样的。先看买入型日历价差（卖近月+买远月），这是要利用靠近到期的期权时间价值快速递减的特性来获得利润。如图 4-63 所示，是 2019 年 10 月的 50ETF 期权，10 月合约在 10 月 23 日结算，预判行情走势陷入震荡，想在最后几天瞬间收割时间价值，但又怕行情突然拉起，看着远月隐含波动率如此低，于是在 10 月 21 日卖 10 月平值 3.0 认购+买 11 月平值 3.0 认购（通常用平值，是因为它无论近月还是远月，Delta 都约为 0.5，如果虚值就不太一样了，且平值时间价值比较大，靠近到期获利多）。最终运气不错，50ETF 价格结算在 3.0 元，10 月 3.0 认购期权卖方 1 手赚了约 200 元，11 月 3.0 认购期权买方 1 手亏了约 100 元，总和还是赚的，在收盘前就可以一起平仓出场。

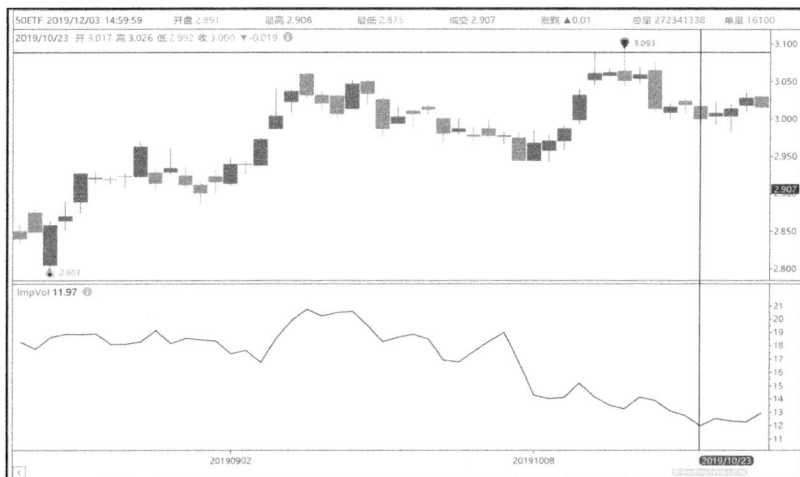

图 4-63　50ETF 在 2019 年 10 月 23 日结算在 3.0 元

再来看卖出型日历价差（买近月+卖远月），这是想利用期权靠近到期的爆发力，或者想赌近期的实际价格波动赚钱，但又担心隐含波动率回落。像 2019 年第四季度行情，隐含波动率处于当年度很低的水平，而实际行情也的确是前进一步、后退两步、再前进两步的样子。

如果你很想做买方，但又担心隐含波动率持续下降，就可以采取买近月+卖远月的日历价差策略，或者用跨式策略来搭配（近月买跨+远月卖跨），还可搭配赌周末事件，即每周五下午做近月买跨+远月卖跨，周一下午平仓出场。

这里有个细节要注意一下，日历价差策略比较适用于股票、ETF、指数期权，不太适用于商品期货期权。这是因为股票 ETF 期权对应标的只有一个，无论哪个月份的期权，标的都是同一只股票；而商品期货期权不同月份对应标的不一样，例如 1 月豆粕期货跟 9 月豆粕期货就不一样，虽然相关度高，但就是不一样，这是商品本身的特色，不同时期商品供需不一样。如果真的要对商品期货期权做日历价差策略，还得把升水与贴水考虑进来，那就比较复杂了。

第五章
看方向的期权战法

每一个操作期权的投资人，都应该清楚自己进场想要获利的模式是什么。期权策略具有多样性，可以获利的模式相当多。买方从权利金价差中获利，卖方以赚取时间价值为主，这是最基本的分类。一笔完整的获利交易有其基本的条件及应变的方法，只有全盘思考清楚，在操作时才不会三心二意、手忙脚乱。

实际上，我们看到有纯粹以期权商品为主的获利方式，也有把标的资产与期权合并操作的获利方式，每种方式都有适用的场合，没有绝对的好与坏。但若是把标的资产纳进来与期权配套操作，则需要知道策略的目的：是以标的资产为主来降低成本，还是标的资产只是规避风险的工具，主要为了赚取时间价值。

唯有清楚自己操作策略的目的，当行情变化产生部位的损益波动时，才不会顾此失彼。笔者在多次演讲会后与投资人互动时，往往发现投资人并不清楚自己做投资的目的，同一个策略一会儿说要当卖方赚取时间价值，一会儿又说逢低买入标的资产降低成本，导致一讨论起来就前后矛盾。讨论尚且如此，在实战时，一旦行情发生变化，就更容易陷入慌乱而无法冷静应对。

在多空方向确定的前提下，思考相应的期权策略，决定该策略所使用的资金比例及应变方法，是看方向的期权战法具体的操作步骤。本章内容就沿着操作步骤顺序，逐一说明在买方策略及卖方策略下各自的实盘应用准则。

从实盘操作的角度来看，本着"大道至简"的原则，四大基础策略是收益的根本来源，我们在说明上就沿这个方向前进，讨论四大基础策略的运用技巧。

技术分析为什么有效

作为看方向期权战法的第一步骤，如何决定多空是我们需要深入讨论的主题。在过去古老的分类中，交易理论可分为两种。第一种是基本分析，也就是分析影响特定市场供求的外部因素，其中包含影响农作物收成的天气、政策变化、国际政治经济局势的演变、市场估值及财务报表等。通过观察特定市场的供求变化，在价格充分反映市场供求变化之前，预测市场未来可能的走势。

绝大多数的机构投资者都是基本面分析的支持者。他们认为股市终究是要反映经济状况、产业变化及公司价值的，通过了解这些层面的现况及变化，可以掌握股市价格与价值的差异，找到投资机会、掌握市场未来脉动。

第二种是技术分析。它与基本面分析站在完全不同的角度。纯粹的技术分析派认为市场价格已充分反映供求情况，把价格等交易资讯研究好，就不需要额外去探究市场之外的基本面因素了。该派的支持者认为，通过解读交易资讯，就能有效地从判断行情走势中找到获利机会。

而随着时代的演进，原本二分法的交易理论开始出现多元化发展，衍生出基本面、技术面、筹码面、政策面、资金面等细项，它们都是决定投资者在做决策时对多空看法的依据。到底什么"面"具有较高的参考价值？这是笔者在演讲过程中常常被问到的问题。严格说起来，每个"面"都有其优缺点，随着使用者状况、适用时机、掌握程度等而有所差异。用得好，哪一"面"都能克敌制胜；用不好，每一"面"都可能适得其反，要视个别状况而定。

观察目前常用的多空依据，大致可分成三大派别：宏观操作派、事件驱动派及技术分析派，如表 5-1 所示。所谓宏观操作派，其实也包含中观与微观，只要是与基本面有关的部分，都可以是他们分析及推论的依据。大家所熟悉的 GDP、失业率、PMI、CPI、社融数据、产业调研、财务报表等，都属于此派别研究的领域。

表 5-1　金融操作多空依据的三大派别

	宏观操作派	事件驱动派	技术分析派
主要内容	又称基本面派，在操作决策上取得理论依据，有总体经济的相关数据支持多空看法	透过密集观察重要政治经济事件的变化（如重要选举、货币政策等）来发掘获利机会的可能性	经由交易资料识破市场多空气势，透过起涨、起跌的进出决策获利，专注于对买卖点的拿捏
缺点	通常看法过于广泛以致不够精准，人性容易受到考验。加上资料多为历史资讯，因此操作的转折效果差	主观判断为成败之依据，容易大赚大赔，今天的股神可能成为明天的衰神，一般人不容易办到	过于着墨在短线技巧上，以至于容易忽略大行情，而技术面的盲点则被宏观派所轻视
主要族群或代表人物	经济学家	索罗斯	多数专业投资人

事件驱动派则着重国内外重要政治经济事件的变化及发展，近年来常听到的"黑天鹅""灰犀牛"等专有名词，就是指特殊事件对全球资本市场造成的影响，也是事件驱动派重要的操作依据。

至于技术分析派，则通过对交易轨迹、数据等相关资料的研究，去推论或掌握行情未来可能的发展。在技术分析领域中又可细分成许多派别，每一派别都有其运用的准则及依据。

此三大派别各自有其详尽的内容及为数众多的追随者，如前所述，只要能有效运用，就能达到获利的目的，没有孰优孰劣的问题。大致说起来，机构法人等大资金布局者在较长周期的考量下，多半以宏观操作派为其主要依据，事件驱动则视情况灵活运用；技术分析的使用者普遍分布于各领域中，多数专业操作者属于此派。

如果把一般投资人（也就是散户）作为使用对象，取一个最大公约数，以笔者多年的实盘操作及培训经验来看，技术面相对于其他面胜出，在多空看法上起到了比较好的效果，其背后的原因与一般投资人所处的环境及自身条件有关。

散户有几个特点是很明显的。首先是资金相对较少，都说"人是英雄、钱是胆"，钱一少，操作起来就相对容易胆怯，而人一胆怯，就容易犯错，人性的弱点就格外明显，成为被割韭菜的原因。其次，在大多数的情况下，比起专业机构法人，散户的专业知识还是相对薄弱的，这样说或许有人不服气，但比起机构中高学历的专业研究团队，仅集思广益这一点，就比孤军奋战的散户强大许多。

更重要的是，在重要信息的获取上，作为缺资源、渠道少的散户，在信息的及时性和真实性上，都有较大的劣势。在取得信息时间较晚、真伪判别能力又因为专业程度不足而有差距的情况下，散户想在基本面、政策面及筹码面上取得一定的优势，恐怕有相当大的难度。在经济学上把这个现象称为信息不对称现象。

既然信息不对称的现象无法消除，那么要想突破僵局，就得克服这个劣势。技术分析通过解读市场交易所留下的轨迹，去侧写具有优势的投资人（或控盘者）交易行为背后隐藏的投资意向，以弥补散户投资者在信息不对称环境下的劣势处境。

此外，市场交易本身也会产生新的供求关系，进一步自我强化多空力量的此消彼长，这部分是基本面分析无法衡量出来的。通过对技术分析有效的解读，不仅可以侧写出具有信息优势者的真正看法，也能衡量当多空均衡状态改变时，多空表态后新的发展动向。

西方投资人对于技术分析的研究有其深入理解及独到之处，在他们的技术分析典籍中曾经点出技术分析在实盘操作上的参考价值，兹列举数点如下。

① 基本面分析可以衡量与分析市盈率、经济数据及其他内容，但却未必涉及投资者心理的部分。然而在大多数情况下，市场是由情绪主导的，因此，通过技术分析才可以分析市场非理性的成分。

② 技术分析相当强调纪律的重要性，透过技术分析将有效协助交易者抑制自身的情绪。

③ 通过了解技术分析，能进一步了解驱动市场的力量。

④ 价格是市场分析中的重要因素之一，即使今天的价格不全然与昨日相关，但人们依旧会记得昨日的价格，并采取适当的反应，而技术分析则将之纳入考虑因素范围。

⑤ 基本面具有滞后性，往往在价格反应后才揭露基本面情况，观察价格行为是判断整体供需关系最直接的方法，也是技术分析所琢磨的重点。

从上面五点可以发现，技术分析所能提供的参考价值已经远远超过信息不对称及解读动态的供求关系。其中第①点提到了市场在不理性情况下（例如崩盘）基本面无法解释的部分，第②点说到了止盈止损等纪律的重要性，第④点提到了价格所造成的浮盈、浮亏对人们在决策上的影响。每一点都直指散户在操作时可能产生的弱点及原因，点出问题核心及技术分析能提供的价值所在。

我们举一个 2011 年国际上的黑天鹅事件的经典范例，来说明技术分析在掌握行情转折变化时的领先价值。

2011 年 8 月 4 日，美国政府债券被信评机构降低评等，从最高级的 3A 往下降了一级，引发了包含美股在内的全球股市全面大跌。当天具有代表性的道琼斯工业指数收跌 502 点，单日跌幅超过 4.2%，市场一片恐慌，对于未来行情充满悲观论调。

事实上，从后续的行情走势来看，美股在三天后就走出低点，进行横盘打底，之后甚至走出多头格局，纯粹就利空影响的程度来看，仅仅发酵了三天。只是因为单日跌幅过大，在前面有多头行情的乐观氛围下，市场容易做出过度悲观的推测。

图 5-1 是道琼斯股指期货日线图，作为具有价格发现功能的期货，对其有效的解读能够发挥领先功能，提供行情出现转折的信息。以技术分析的角度来看，可从图中发现，在 2011 年 8 月 4 日债券降评发生前，市场已先跌了一段，就时间点来说行情早就出现异象，若能提早发现，自然能及时做出应对，趋吉避凶。

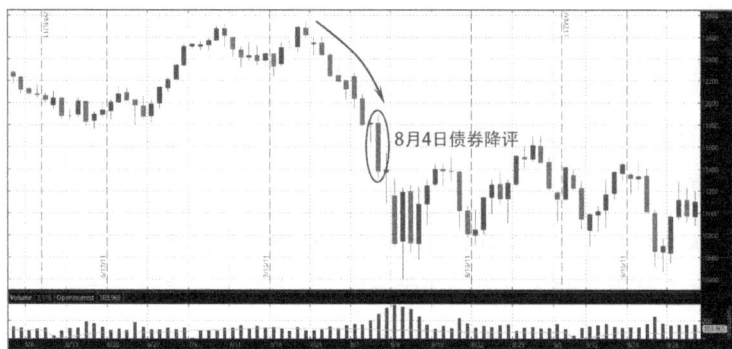

图 5-1　2011 年 8 月 4 日美债被降评，美股大跌

如图 5-2 所示，早在 2011 年 7 月 22 日高点区，当天收盘的日线就出现了多头弱势的迹象。以技术分析中的 K 线战法的角度来看，在当天收盘时形成了象征多头气虚的"空头母子"组合，根据该战法的进出准则，在"空头母子"组合出现后若行情持续走弱跌破有效支撑，则应偏空看待行情。随后两个交易日行情续跌，7 月 27 日甚至出现形态学上的"双重顶"头部形态（又称为 M 头），这都是空头即将展开的信号。掌握了这个技巧，自然就能先发制人，不至于等到 8 月 4 日利空发生大跌时措手不及。

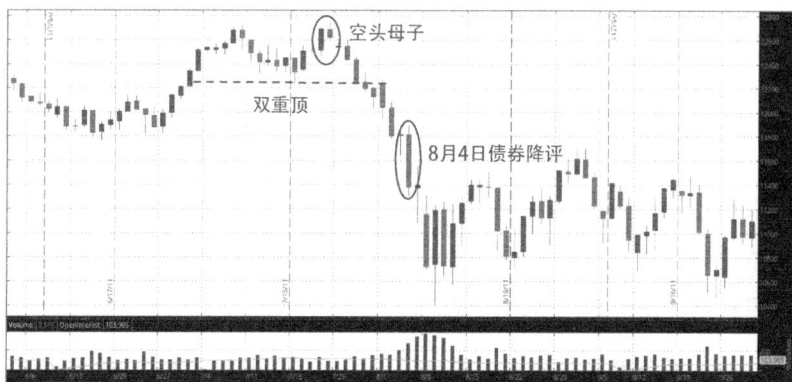

图 5-2　2011 年 7 月 22 日美股技术面出现多方气虚的组合

在 2011 年 7 月 22 日"空头母子"组合出现、随后又继续下跌时，市场并无任何利空。技术分析追随者进场做空，但并不知道之后会有什么利空，只知道行情转弱了、结构偏空了，等到 8 月 4 日债券降评利空真正发酵时，手上的空单获利增加，与一路多单抱下来的被套牢者相比，相差何止以千倍计。

这个范例充分说明了价格包含信息的领先性，揭露了在信息不对称的环境下，等到利空来临时才应变的滞后性。类似的例子不胜枚举，当行情出现明显转折的单边市时，技术分析可以发挥优势。

技术分析的美丽与哀愁

在使用目的上，可以将技术分析分成两种。一种是通过判读技术分析图表与数据，运用各种技术分析的方法来预测市场走向及目标，由于其能预测行情点位及涨跌幅，所以得到了支持者的高度认同。与此同时，反对者认为其与"占星术"无异，在推导的过程中并没有扎实的理论基础，是一种迷信。多数的经济学者及专家甚至提出随机漫步理论予以驳斥，认为股价的形成为独立事件，不具有可预测性，如今竟然连未来目标价都可以预测，如何能够接受？

另一种则是不预测未来走势的技术分析。这种技术分析使用者认为仅通过价格来发现趋势即可，待趋势成形，再根据相关技巧采取顺势或逆势交易，他们不预测市场走向、不设定目标价、不猜顶摸底，而是根据市场的动向做出回应。

顺势投资者只对已发生的资讯产生回应，依据"大数法则"做出最有利的对策，不掺杂个人情绪及看法，把重心放在对应调整上。在这种运行规则下，产生了几点交易上的特征。第一，不会追求买最低、卖最高的目标，有时候当趋势确定时，甚至会追涨杀跌。第二，不用频繁交易，获利的主要来源是掌握趋势，当趋势来临时，让盈利奔跑。第三，不预设止盈点及绩效目标，只确定止损点。获利取决于市场行情的大小，一波到底自然会有亮丽的绩效，但也不会刻意强求水波不兴的走势。

在理念上，他们只想追随趋势，不会去追求打败市场，不想预测趋势。

　　说到这里你也许会思考，这两种以使用目的做区分的技术分析类别，哪一种更好？在笔者看过近 20 年来起起落落的投资众生相中，有太多传奇般的高手，也有更多昙花一现的过客。归纳这些曾经意气风发、之后却转瞬消失了的失败案例，尝试预测行情是他们失败的其中一个重要的原因。

　　因为相信，所以执着。当你真的认为行情会走到某个目标点位时，自然会重仓押注。可惜"计划赶不上变化"，没有人能精准预测行情，当大话说尽，而真相却反向打脸的时候，历史的洪流将吞没不自量力的人。

　　笔者所认识的高手，多半都不会铁口直断，面对市场的诡谲多变，就算胸有成竹，也谦逊低调。他们深深知道所有人在大势面前都微不足道，哪怕他们已经有了亮眼的战绩，却也虚怀若谷，不轻言看法。

　　或许不自量力的人已经付出了亏损的代价，可惜附带的影响，却也让技术分析的价值跟着陪葬，使得明珠蒙尘。从来没有改变的是技术分析是否有效的争议，但技术分析的支持者一直没有少过。

　　作为一个基本面分析科班出身，却研究及使用技术分析近 20 年的操作者，笔者对技术分析的评价是"博大精深"。深入研究后你将会发现，技术分析理论中蕴含的原理，与中国古老典籍中的哲学颇有契合之处。"盛极而衰""否极泰来""大破大立""祸福相依"等我们耳熟能详的概念，都可以在技术分析的理论中找到。你偶尔会听到有人用《孙子兵法》《易经》《道德经》等经典中的内容来说明技术分析，那就是因为中间的某些理论是相通的。

　　在技术分析广大的理论体系中，可以将其理论分成五大类，分别为趋势、形态、量价、指标、K 线。一般投资者所用的技术面技巧，都在这五大分类中。这五大分类各有各的理论基础、运用技巧及使用盲点，没有绝对的优劣之分，就好比我们熟悉的武侠小说中所写的那样，英雄未必都出身名门大派，要看自己的天赋及努力程度。之前我们在提到各种交易理论时，认为不管是技术还是基本面，只要用得好，每一种交易理论都能胜出，同样的观念也适用于技术分析的各大类。

比较好的方法是把这五大类都做详尽的了解，发现各大类的优缺点及适用时机，再找出适合自己的类加以学习。可惜这么做过于浪费时间，非一朝一夕可完成。考虑到这是一本讲解期权实战策略的书，我们无意在此把技术分析体系做完整而充分的说明。只从中撷取适合期权策略的技巧，直接与实盘结合运用，当然我们会说明选择该技巧的理由，但更在乎的是该技巧在实盘上的运用价值。

买方加速度——K线战法

如前所述，期权权利金的变化深受三大因素的影响：方向、时间、隐含波动率。其中隐含波动率背后代表的是市场预期心理，当市场预期行情将有机会大幅度走出单边格局时，追价买入的意愿将会同步大幅增加，此时隐含波动率将成为三大因素中的主导者，催生权利金大涨。

那么是什么让市场预期心理大幅增加呢？找出这个原因，就找到了买方据以倍数获利的理由。相信很多人都知道问题的答案，简单来说，就是市场的剧烈波动，也可以说是加速度波动。

以上涨来说，假设都是标的资产单日收盘价上涨 2%，但一种是温和的平开高走没有太多的激情，另一种是如果早盘大幅低开，之后急速由跌转涨，那么先衰后盛的震荡幅度让市场更对续航力有想象空间，自然与温和上涨格局有所不同。反映在相关期权的预期心理上，两者会有截然不同的效果，后一种所引动的刺激，对权利金上涨会较前一种有显著的作用。

换成行情逐日下跌来看，就算总跌幅相同，涨跌相互交替的下跌与大幅跳空、低开低走的行情相比，后者带给市场的压力远胜前者。投资者心理压力一重，避险需求就增强，在崩盘时认沽期权权利金涨势凶猛，就是因为预期心理大幅增强所致。

更多的时候，我们看到的是标的资产有了波动，但同向的期权权利金却没有反应，甚至反向走跌。这背后的原因就是标的资产的行情波动速度不够，无法引起市场预期心理升高。

因此在方向确定的情况下，行情涨跌幅度及速度决定了短线权利金的涨跌变化，其中行情涨跌速度又比涨跌幅度影响更大。掌握行情涨跌速度的技巧，基本上就是你倍数获利的门票。

在技术分析五大分类中，K线战法对于多空气势的消长判别有其独到之处。所谓"K线可以判气势、知转折、定多空"，其中的"判气势"，说的就是多空均衡的变化，而通过研究多空均衡状况，就能得知未来行情速度的变化。

我们不一定要得知接下来行情真正的速度值，例如今天可能要涨跌多少个百分点，或几天内会涨跌多少个百分点。事实上，也没有人能精准掌握未来行情的涨跌幅度及速度。我们所追求的，是知道行情涨跌速度即将提升，有进一步推动权利金出现大涨的可能。至于到底会涨多少，以及会涨多快，不必猜，也猜不到。

一骑绝尘的突破性 K 棒

在 K 线战法中，判别气势是这样的：实体阳线代表的是周期内多方持续推升价格的程度，实体阴线代表的是周期内空方压低价格的程度。实体越长，表示力道越大。

换个角度来说，涨跌幅度越大的阳线或阴线，多方气势或空方气势就越强大。若能伴随同向的跳空缺口（例如多方缺口带长阳、空方缺口带长阴），则有如虎添翼的效果。但若缺口后仅有小红/小黑的十字线，那么就算有显著的涨跌幅，也显得气势不足。

根据长阳及长阴的相对位置，又可以再分成高档长阳（阴）、低档长阳（阴）、突破性长阳（阴）。以多方为例说明，乍看之下，在涨多之后再出长阳线，最能激励多头士气，但仔细研究之后可以发现，在涨多之后再出利多刺激价格大涨，往往有多方气力放尽的疑虑，累积的涨幅将使得筹码松动，反而需要格外小心。

低档长阳犹如隧道中的曙光，在深跌的幽暗气氛中注入暖流。可是若没有明显的整理或打底行情，阳线拉抬可能只是昙花一现。纯粹就单日阳线来判别是否转危为安，依据稍显薄弱。

真正具有力道意义的是突破性长阳，建立在前有横盘整理区的基础上，长时间的多空僵持累积了能量，好比缠绕到极致的橡皮筋，当能量被释放时，自然会有极快的速度。

可以发现，当我们把单纯的长阳线进阶到更精准的突破性长阳时，"相互位置"的观念就出现了。相互位置的判别是 K 线战法中决定气势强弱的关键，进一步衍生出幅度大小、期间长短等细节，所谓"小底难敌大头"，就是相对位置中有关期间长短的运用。

既然在突破性长阳中有"突破"两个字，就表示突破性长阳线摆脱了在一段时间中多空力量均衡、行情横向游走的格局，往上做一个多方表态。在这种情况下，会有两股力量来加持多头续航力，让续涨成为大概率事件。

第一种力量是新多方部位的加仓进场。行情在横盘震荡多时之后能向上突破，多半是有利多消息的刺激。好消息伴随价格上扬，会吸引更多的买盘进驻，进一步推升行情。虽然原有多方部位在获利的情况下，有部分止盈的卖盘出场，但也因为利多消息而属少数。

第二种力量则是原有空方力量的止损回补。假设市场是可以自由多空双向买卖的，当多方胜出时，空方部位因行情上涨呈现账面上的浮亏，也就是我们熟悉的逼空。空方会因亏损扩大而止损平仓，形成平仓的买盘。此外，在盘整区处于观望阶段的空手者，也会因为行情表态而踏空，追涨买进部位、避免持续踏空也算是第二种力量的范围。

这两种力量让长阳后的续涨有了较大机会，追价买进也就因此有了依据。很多时候不是投资人没有看到行情大涨错失机会，而是看到行情大涨却因为害怕追涨被套牢，反而却步不敢进场。通过上面的说明，了解多空力量消长之后的市场买卖盘变化，就会知道突破性长阳的追涨买进，不仅不会因追高而降低胜算，反而会因为诸多买盘的汇集提高胜算。

2019 年 5 月初，国际局势转趋紧张，50ETF 出现一波急跌，5 月 9 日之后行情转为深跌后的横盘震荡。行情在经过一个月的横盘整理之后，6 月 11 日出现长阳大涨，以相对位置来看，可以清楚地发现此长阳线就是一个标准的突破性长阳，如图 5-3 所示。

图 5-3　2019 年 6 月 11 日长阳大涨一举突破超过一个月的整理区间

之后行情经过窄幅整理后，随着利好消息的进一步释放，再度以跳空方式展开攻击，一直涨到高点才止步。同时间的虚值两档认购期权从 6 月 11 日阳线收涨后起算涨幅近 500%，从 6 月 18 日收盘起算涨幅达 20 倍以上。突破性长阳线对期权买方倍数获利的参考价值可见一斑。

如果我们更进一步把观察的周期拉长，可以从图 5-4 中明显看到，前述 2019 年 5 月 9 日转为横盘震荡的整理格局是建立在 2 月 25 日的长阳线低点支撑之上的。此处在 3 月初行情回落时就已发挥支撑效果，此时再度因利空行情下跌来到此处转为震荡，搭配这个相互位置的研判，在解读上更增加了止跌翻阳的效果。

掌握了相对位置的长阳，从整理期间长短、长阳幅度大小、支撑压力运用等因素研判，很容易就能领会 K 线中对于研判气势的作用以及买方倍数获利的契机。

图 5-4　2019 年 2 月 25 日长阳低点形成重要的长线支撑区

变幻万千的 K 线组合

在 K 线战法中，除运用单根 K 线之外，还有更多技巧可以运用在买方策略上，其中另一个大范围的运用就是 K 线组合，也就是大家常常听到的"招式"。

所谓 K 线组合或招式，就是通过数根 K 线间相互位置的关系，来判别多空气势消长的技巧。其与突破性长阳线的不同之处在于突破性长阳着重强调单根长阳线与一段整理区间的相互位置，只要长阳线有效脱离整理区间往上涨，并不特别在乎精准点位，大范围上符合条件就可以了；而 K 线组合或招式则更多地重视彼此 K 线间"高、开、低、收"四个价位的比较，通过比较，多空气势得到更细微的解读。K 线组合或招式多半由 2 或 3 根 K 线形成，比起突破性长阳之前伴随的横盘整理区，更具有即时性且能提早判读。况且行情也不是一定在出现整理后才转折，V 型反转的走势是另一种常见的多空转折模式，此时

K线组合能有效补足突破性长阳的缺憾，发挥掌握转折的效果。

在完整的K线战法中，K线组合数量过多及繁杂是使用者普遍的困扰。笔者从多年培训经验中发现，多达70多种的K线招式让不少有心钻研此方法的投资人打退堂鼓。本着实用有效的原则，我们还是把当中简单好用的精华撷取出来，让大家能够快速上手。其中以威力最强的"吞噬组合"及出现频率最高的"母子组合"最有学习价值，吞噬组合又可细分为多头吞噬及空头吞噬，母子组合又可细分为多头母子及空头母子。

在行情行进的过程中，原本占据优势的一方，忽然被弱势方大举反攻，尽失阵地，气势陡然出现逆转，所谓"盛极而衰"或"否极泰来"正是此番场景的写照。此种情况在K线上的具体表现是：空翻多的转折为大跌长阴后出现长阳将其完全包裹覆盖，是为"多头吞噬"；多翻空的转折为大涨长阳后出现长阴将其包裹覆盖，是为"空头吞噬"。此处所说的包裹覆盖是指实体K线，上下影线可不包含在内。

作为K线组合庞大家族成员的"龙头"，吞噬线讲求的是多空气势瞬间变化的过程，原本制霸的一方，在完全没有先兆的情况下，忽然陨落，代表着逆袭方的强势反击，效果最显著，是期权买方策略使用者必学的重点。

来看另一个经典范例。2019年一开始，A股就在政策启动全面降准的宽松利多带动下出现一轮猛攻，成为全球股市中涨幅最高的代表，一扫2018年全年缓步走跌的阴霾。

这一波涨势一发不可收拾，市场信心全面回升，投资人对股市高点目标不断上调，新开户数暴增，一度让系统崩溃，投资市场热度沸腾。

但就在乐观氛围下，在2019年4月上旬各指数开始陆续见到顶点了，4月22日空方发动攻势，行情急转直下。在往后长达半年的时间中，A 股基本上呈现大箱形震荡，各品种指数或许强弱有别，但基本上没有摆脱这整理走势，而投资人的热情又再度陷入降温期，如图 5-5 所示。

图 5-5　2019 年 4 月 22 日出现具有翻空意义的
"空头吞噬"组合

　　通过对技术面的观察，赫然发现在 2019 年 4 月 22 日起跌当天，50ETF 出现了杀伤力最强的"空头吞噬"组合。同样的情况在上证综合指数、沪深 300 指数、创业板指数也都可以看到，在涨多的基础上出现多空气势陡然逆转的情况，技术分析发挥了预见空势的效果。

　　另有一种转折变化，即反攻方在气势上无法立即出现逆转，而是多一道蛰伏酝酿的过程，先削弱原有优势方的攻势，之后才再进一步展开反击，完成转折。此过程如同军事战术上的迂回转进，不硬碰硬，而采用以柔克刚的方式。其在 K 线上的具体表现是：空翻多的转折为大跌长阴后出现幅度较小的酝酿阳线，是为"多头母子"；多翻空的转折为大涨长阳后出现幅度较小的酝酿阴线，是为"空头母子"。此处所说的酝酿，是指第二天的酝酿 K 线，其实体部分在第一天涨跌幅度较大 K 线的实体范围内，又称母子孕育线。

酝酿也好，孕育也罢，都代表着反击力量并不是一步到位的，而是通过一个个步骤来转化彼此的优劣势的。需要酝酿则说明转化成功的概率相对小一些，因此在威力上比吞噬线弱一些，要观察后续的走势来辅助研判。

还是以 50ETF 为范例进行说明。2018 年第四季度，全球股市笼罩在区域经济可能趋缓的氛围下，美联储加息带动美股崩跌，国际股市纷纷来到波段低点。

2019 年 1 月 2 日，A 股持续走弱，50ETF 以阴线收盘再创波段新低。如图 5-6 所示，1 月 3 日出现了小阳线未破低点，为多头母子组合。1 月 4 日就出现了央行政策全面降准及美联储"鸽派"谈话的信息，当天的大阳线确认了多头母子组合孕育成功，展开了为期两个月波澜壮阔的多头单边市行情，2 月 25 日创下了 50ETF 认购期权合约高达 192 倍的纪录。

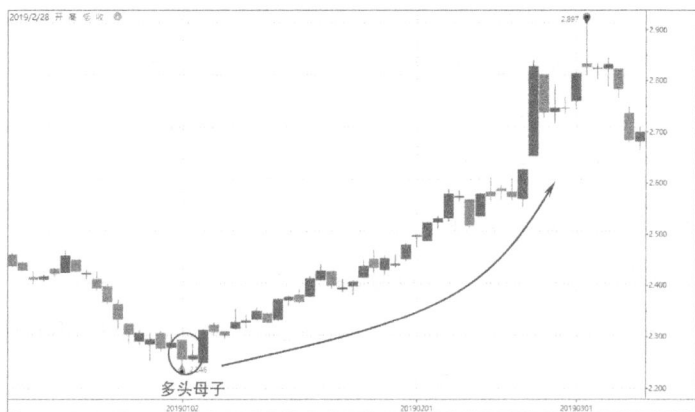

图 5-6　2019 年 1 月 4 日起涨前，技术面出现具翻多意义的"多头母子"组合

从时间点可以看出，在货币面出现宽松政策的前一天，行情就已先行酝酿，利好消息的刺激给了蛰伏的多方舞台，使得多方一举完成了逆袭的格局。

眼尖的读者可以从图中发现，其实在更早之前的两天里，也出现了酝酿的多头母子组合，可惜隔天持续破底、持续走低，说明母子线的出现仅能视为原有气势的走弱，不代表反向力量的兴起，具体要等后续行情更多的表态。

除了吞噬线及母子线之外，在K线战法中还有更多的转折组合可以研判行情、力道、速度，甚至形态学也有可取之处。但从简单实用、快速上手的角度来看，突破性K线、吞噬组合、母子组合是技术分析入门技巧中，操作期权买方策略时效果尤为显著的好帮手。

倍数获利三部曲——标的分析

将进场与出场都做好才能完成一笔漂亮的交易。所谓"谋定而后动"，进场前考虑周到，有效过滤不利因素是大幅提高胜算的关键。尤其买方策略容错率低、报酬率高，在进场前更需深思熟虑一番。因此针对买方策略在进场前所需要的过滤步骤，我们拟定了"三部曲"，逐步检视，即可为进场建立买方仓位做好准备。

一、分析标的资产的走势变化。

2017年，笔者应邀在各地参与期权报告会，分享实盘操作心得。当时针对期权看方向操作的精髓提出了看法：**期权是一种工具，站在看对的基础上，扩大获利幅度，降低损失程度。**其中明确点出核心是看对标的资产的后续走势，包含方向、速度及目标。站在"看对"的基础上拟定相对应的期权策略。

由于期权权利金变化深受市场预期心理影响，而标的资产的行情发展速度则牵动着市场预期心理的变化，因此分析资产标的的走势变化的部分，速度与方向一样重要，要一并考量进来。"不怕涨、不怕跌，只怕不涨不跌"说的就是这个状况。

一般而言，简单的分类是：若研判行情接下来为盘整格局，则采用卖方策略赚取时间价值；若有可能出现明显的波段行情（单边市），则付出权利金做买方，赚取倍数获利。但实际上可以发现，研判是否有波段行情本就不易，就算真有波段行情出现，在权利金与时间价值递减的特性下，选错行权价合约、没有掌握好买卖点等交易细节也会使交易白忙一场。

有关交易细节等诀窍我们后面会有专门讨论，这里先针对研判波段行情的部分做讨论。

完整的波段行情研判应包含发动时机、涨跌幅度、涨跌速度等，但这些变数都与消息面催化息息相关。利多、利空的刺激能让整理已久的行情出现多空表态，改变走势惯性；同向的消息持续更新与发布能让行情续航力增加，空间上有更大的幅度；消息面的"意外"程度影响着市场价格的反应速度，越是让人跌破眼镜的消息，越能使行情跳空、井喷或跳水。

可惜我们大都无法掌控消息，只能做一个追随者。技术分析中有部分技巧可以对行情发动的时机、幅度有所预测，可惜胜算不高，对速度的部分着墨甚少，顶多预期即将出现较明显的表态，但没有办法精准量化。

为了提高胜算，不做无谓的幻想。我们在分析标的资产行情变化时，发动时机以技巧上出现转折迹象为主，K线战法中的招式有显著的效果；幅度的部分本不应猜顶摸底，但在操作上要有依据，因此采用支撑和压力作为评估标准；对于速度部分不做细致的预测，抓其概率即可。下面进行详细说明。

K 线可以判气势、知转折、定多空。在完整 K 线战法中多达 70 余种的 K 线多空招式中，对于转折、洗盘、续攻等走势变化都有大量的运用，其中又以转折部分最完整、详细。能把整套 K 线理论全部学习到位自然是最好的，但考虑到投入与产出的比例，前面所述的突破性阳线、吞噬组合、母子组合这三种运用，已包含多数情况，然后反复于实盘中活用即可。

在幅度部分，行情的价格大小取决于消息面的刺激程度，经济数据、政策变化、国际局势、资金动向等，都是影响价格变化的重要因素。顺势交易者本不应预设行情满足点，但期权买方策略使用者则因为权利金的特性需要见好就收，因此日线格局的支撑区与压力区成为重要的决策参考。

举实盘范例说明如下，除了创新高或破新低格局之外，在多数的行情结构中，你可以在历史走势中找到有效的支撑/压力位。在 K 线战法中有提到：**长阳、长阴、缺口等，只要幅度够大，这些都可以是有效支撑或压力的来源**。其中长阳、多方缺口找支撑，长阴、空方缺口找压力。此外，转折点是绝对的支撑/压力位所在，多翻空的高点是压力位，空翻多的低点是支撑位。

图 5-7 是 50ETF 从 2019 年 3 月初到 10 月底的日 K 线图。找出其中多空转折点、长阳长阴、跳空缺口等，再过滤出振幅较大的部分，可以找出具有代表性的支撑/压力位。可以发现新的支撑/压力位多半建立在原有的支撑/压力位上，而拉长周期可以发现最具代表性的支撑/压力位，如 2019 年 2 月 25 日长阳低点支撑位。

图 5-7　幅度较大的长阳低点是未来行情拉回时的重要支撑位

在实盘运用上，当期权买方策略进行布局时，应把距离最近、时间最近的有效支撑/压力位作为短线满足点，根据此满足点拟定适当进场与出场策略。

虽然行情涨跌速度是决定权利金涨跌爆发力的重要因素，也深深影响着买方部位能否倍数获利，但纵观所有技巧，事前精准预测行情涨跌速度很有难度，能做的就是通过整理时间的长短、成交量的多寡、表态时的逼空程度等侧面因素进行推敲。

在行情出来后，涨跌速度的快慢，是由众多因素交叉影响决定的。举例来说，也许不是消息面本身有多大的震撼，但权利金可能会因为逼空导致的强平买盘而大涨，上涨速度在瞬间爆发。这种例子在国际市场上屡见不鲜，可若要通过市场公开信息去事前推敲是否出现逼空买盘，相对不易。

在这个限制下，买方策略着重的部分在于涨跌速度是否有可能出现，却不强求去计算涨跌速度的细节。准备好进场享受市场出现涨跌速度时的获利，至于获利多少，没有人能够事前知道，市场说了算。

二、进场时机。

在标的资产分析说明完之后，进入倍数获利的第二步：进场时机。

这里说的进场时机，跟前面提到的行情发动时机不一样。进场时机与行情发动时机的关系，可以分成行情发动前进场和行情发动后进场两种，其中对于买方部位的利弊得失是我们本节讨论的重点。

前面我们已介绍了 K 线战法中在判别行情涨跌速度上简单好用的技巧，分别是突破性 K 线、吞噬组合及母子组合，这些技巧同时也是行情发动时的迹象。而对于思考进场时机的方法，在交易技巧分类上可以通过"左侧交易"及"右侧交易"来加以说明。

在行情未见迹象就先行判断行情即将出现转折而进场反向布局，就是左侧交易；反之，等行情出现转折依据才进场顺势操作，就是右侧交易。就交易特性来看，左侧交易采取逆势进场，猜顶摸底难度高，风险较大，但成本也会比较低，一旦成功，获利丰厚，高风险、高回报性质明显。右侧交易则在出现转折依据后才进场布局，时机较晚导致成本较高，但因为有了技术面的依据，因此在多数情况下右侧交易胜算也较高，相比左侧交易风险较低、回报也较低。前述突破性 K 线、吞噬组合的运用都是行情出现了转折才会进场，母子组合甚至还需要后续走势确定了才会进场，所以这些策略都算是右侧交易范围的运用。

我们以之前的 50ETF 突破性长阳线行情来说明左侧交易与右侧交易的差异。

如图 5-8 所示，当行情由之前的跌势转为横盘震荡后，研判行情会跌破底的概率不高而进场翻多布局，买进认购期权。此时技术面上并无任何翻多迹象，或许在图左边有 2 月 25 日的长阳低点支撑位作为依据，但支撑多半仅能被视为空方阻力，以此作为翻多甚至带速度上涨的依据过于薄弱，因此属于左侧交易。

图 5-8　左侧交易者在接近支撑位时就提早翻多进场

　　与之形成对比的是，右侧交易者等到出现长阳突破，多方表态胜出时才进行买方布局，如图 5-9 所示。由于此时在技术面上有了依据，因此属于右侧交易范围。在行情大涨后进场追价买入，付出的权利金自然远比前一天行情尚未出现涨势时高出许多。付出权利金较多，归零损失也就较大，买方损失有限的保护效果降低。

图 5-9　右侧交易者等多方出现表态时才会翻多进场

但换个角度想，左侧交易者在买入后隔天就出现多方表态的情况不是必然的，多数情况更可能在买入之后陷入持续的横盘震荡，此时将承受时间价值递减的损失。

买方策略的特性是损失有限、获利无限，在损失最大值已确定的情况下，是非常适合搭配左侧交易来布局的。可若考虑到时间价值递减的特性，还有当走势不如预期反转时，部位的 Gamma 值将随着虚值程度的增加而大幅减小，两者都会增加权利金归零的概率。

搭配左侧交易技巧来进行期权买方策略的布局，若抓到转折则将会因为成本低而取得丰厚的盈利，但若走势不如预期则会增加付出权利金归零的风险，整体来看左侧交易呈现大好或大坏的格局。

在实盘操作上，买入期权者不论是搭配左侧交易还是右侧交易，在本质上并没有孰优孰劣之分。举例来说，可以在行情有机会企稳打底时进场，先行低成本轻仓布局，等到行情出现明确迹象、胜算提高时，大部位进场追击，整体采用分批布局的策略，就是将左侧交易与右侧交易搭配使用。

清楚地认识到不同交易技巧对部位损益的影响，结合资金控管，选择当下适合的交易策略，才是不拘泥于形式的根本之道。

三、合约选择。

期权买方经过层层过滤，来到了出手前最后的关卡，此时选择合约的心情就好比参加联谊派对一般，既期待又怕受伤害。其中又以对月份及行权价的选择最让人纠结，之后才是投入资金多寡的问题。

在以价差操作为主的买方交易中，远月具有较长的到期时间，买入所需付出的权利金也较高，一旦看错行情，归零损失就较大，因此多半以近月为首选。

要知道时间是买方的天敌，每多持有一天期权，就承担着时间价值损耗的成本，需要用行情波动来弥补。我们之前不断强调这个观念，并以中国台湾期权市场的实际数据来佐证。此外，付出较少的权利金意味着下档损失的幅度较小，行情发动时获得的收益率也较高。

这是否表示在选择买入合约时，权利金越少越好？也就是行权价越虚值越好？

答案是否定的。在观察期权价格变化后你会发现，过度虚值的期权合约，与标的资产的联动比例（Delta）太低，会导致在出现行情时没有太大反应，形成看对行情却没盈利的窘境。在多数时候甚至还会因为过度虚值而使得该合约进入实值的期望太低，出现了权利金反向下跌的现象，因此权利金便宜不是选择合约的重点，预期行情大小（也就是目标价）才是行权价的选择标准。

常见的买入虚值二档或虚值三档的建议过于僵化，且未把行情的状况合并考虑进去。较为妥善的做法是以预期行情的目标价来决定买入的期权合约。由于对标的资产的行情看法不同、合约到期时间长短不同、个人风险承受能力不同等状况，在考虑买入合约时就会有不同的决定，因此这个建议并不是一体适用的。

同时，要考虑的还有隐含波动率（IV）。隐含波动率衡量的是期权合约成交价与理论价的差异程度，其通过与历史波动率对比、与过去的隐含波动率对比，衡量此时买入此期权合约的价格是否相对较高。

不同品种的期权隐含波动率有不同的标准，一般来说商品期权的隐含波动率数值较股票期权的低。不同品种之间不应相互比较，而应同品种比较。从绝对数值来看，50ETF期权大致的分法是，若隐含波动率数值在30%以上，则是偏高的，代表行情过热，此时买入期权所付出的权利金相对较高。若隐含波动率数值在 20%~30%之间，则算是正常的，若在 20%以下，则是偏低的，此时买入权利金相对便宜。

要特别注意的是，高与低是相对的概念，不应预设高点与低点。2019 年 3 月 A 股行情火热，深度虚值的认购期权隐含波动率一度高达 45%，若预设 30%以上算相对高位，则会陷入研判上的误区而错失机会。

另一种实盘上的用法是比较隐含波动率每天的变化，也就是用当天隐含波动率数值减去前一天隐含波动率数值，如图 5-10 所示。若差数为正数，则代表当天隐含波动率较前一天上升，市价较理论价升高，买方力量增强。若差数为负数，则代表当天隐含波动率较前一天下降，市价较理论价下跌，卖方力量增强。

认购期权 (Call)									认沽期权 (Put)							
涨跌幅	成交量	Delta	Gamma	IV涨跌	持仓量	卖	买	28天	买	卖	持仓量	IV涨跌	Gamma	Delta	成交量	涨跌幅
-5.79%	2231	0.9723	0.4208	-1.03	6012			2.750			35118	-0.51	0.4175	-0.0246	1187	8.33%
-6.88%	5033	0.9487	0.7696	-1.68	7106			2.800			55517	-0.80	0.6646	-0.0368	4376	
-8.29%	9448	0.9153	1.2903	0.05	17158			2.850			109117	-0.67	1.2596	-0.0767	13633	8.11%
-10.69%	32964	0.8341	2.1818	-0.25	41885			2.900			208724	-0.57	2.1845	-0.1579	55855	13.41%
-14.14%	91736	0.7028	3.1383	-0.43	99818			2.950			190451	-0.27	3.1297	-0.2950	99049	19.43%
-15.93%	235751	0.5292	3.5672	-0.03	312149			3.000			269506	-0.05	3.6012	-0.4678	207005	19.41%
-20.33%	139089	0.2203	2.5346	0.07	444150			3.100			100651	0.18	2.5216	-0.7737	89752	12.71%
-18.37%	45802	0.0721	1.0834	0.32	264784			3.200			40576	-0.36	1.1141	-0.9199	16263	7.28%
-5.88%	7125	0.0289	0.4524	0.70	73724			3.300			5315	0.37	0.4155	-0.9720	1715	3.52%
-20.00%	885	0.0139	0.2139	0.19	29849			3.400			4144	2.62	0.3376	-0.9691	494	2.71%
-14.29%	657	0.0095	0.1320	0.76	16667			3.500			1799	-0.87	0.0851	-0.9920	290	1.57%

图 5-10 隐含波动率单日涨跌暗示买卖方力量的强弱

进一步解读每个合约的买卖方力量消长与持仓量变化，可以窥见市场动态。分成下面四种解读：

- 合约 IV 上升＋合约持仓量增加→买方进场布局
- 合约 IV 上升＋合约持仓量减少→卖方平仓出场

- 合约 IV 下降＋合约持仓量增加→卖方进场布局

- 合约 IV 下降＋合约持仓量减少→买方平仓出场

至于投入资金多寡的问题，由个人风险态度而定。这中间还牵涉自身对行情把握度的大小，对行情把握度高，自然可以以较大比例投入资金；若对行情的把握度较低，自然就会轻仓以对。这里仅需把握一个原则：未想赢、先想输。把可能归零带来的损失放在前面考量，把投入多少资金就可能亏损多少资金的思想准备好，心理建设好了，操作起来才不会犯犹疑不定的大忌。

最后我们聊一聊买方策略在一个完整合约存续期中策略与时间点匹配的话题。

以一个完整的热门月合约来说，刚登场时由于距离到期日尚远，因此时间价值相对较高，买方此时进场需要付出较多的权利金，不仅所承受的归零风险较大，而且在真有行情时收益率也会较低。

反之，在期权合约快到期时，时间价值已损耗不少，此时若预期行情有机会出现，则买入期权在权利金相对较低的优势下将有机会出现倍数获利，也就是著名的"末日轮"行情。

还记得之前我们提过高手的操作不拘泥于买方或卖方二选一吗？若能将买方策略与卖方策略左右开弓，理想的状态就是"期初做卖方，期末做买方"。期初是指热门月刚开始时，此时时间价值丰厚，对卖方有利，期末就是快到期时，时间价值所剩无几，对买方有利。

"期初做卖方，期末做买方"这个准则是站在权利金中时间价值多寡的角度来看的，但是否能完美达到预期效果还需要相关条件的配合，其中最重要的因素就是行情与策略的配合，这也是本书一直强调的观念。

换句话说，在其他条件不变的情况下，一样是看多行情，期初采用卖出认沽期权会比买入认购期权有优势，在接近到期时采用买入认购期权会比卖出认沽期权有优势。但也有例外情况，比如行情涨势够、涨跌速度快，就算是期初，买进认购期权也会胜出。如果没有速度，只是缓涨，那么就算是末日轮，时间价值所剩不多也还会归零。因此核心变数（如方向、速度、目标价等）依旧是考量的重点，没有改变。

—————— 买方策略实盘交易步骤 ——————

倍数获利三部曲，讨论的是买方进场前的思考。通过这个过程，可以筛选出不必要的交易并降低可能的风险，大幅提高进场后的胜算。本节则讨论在决定采用买方策略进场的情况下，面对实盘时所有的操作环节，着重讲解进场、续抱、加仓、出场等的买卖点技巧。

在三部曲中的第一步，我们强调了看对标的资产行情变化的重要性，也提出了简易的判别技巧。由于权利金有时间价值递减的"万有引力"，因此要逆势上涨需要市场预期心理的改变，也就是涨跌的速度的改变，行情转折能提供这种速度，因此成为研判的重点。

可是即使能如预期抓到标的资产行情的转折点，之后行情也出现了加速度的走势，操作期权所面临的问题也并不是就迎刃而解了。在预判行情后准备要出手时紧接着要面对的难题，就是何时出手及买哪个合约。我们在三部曲中的第二步及第三步中针对这部分做了说明，给了方向上的指引及背后的理由，让读者能够视情况运用，却没有给出标准答案。

比如，我们在进场时机上，提出了左侧交易及右侧交易的种类，说明两者在期权实盘操作上，搭配买方策略的做法及不同的利弊得失。站在进场低成本、买方损失有限的特性上，左侧交易方式给了操作者勇于进场及续抱的勇气，克服了人性的弱点。缺点则是因为多空依据不够明确，即使付出的权利金较少，看错归零的概率却居高不下。

若以胜算的角度来看，右侧交易方式因为有了技术面上的依据，一般来说对行情分析的准确度较高，所以较左侧交易方式胜出。右侧交易者在有了技术面依据以后才进场，可是此时权利金已提高，需要追价。

可以看出两种交易方式各有其优缺点，实际上我们更常遇到的状况是：投资人所运用的技巧本身已经限定了左侧交易或右侧交易，在所用技巧的制约下，不见得能够整合两者灵活运用。

同样的状况也会出现在对合约行权价的选择上。选择深虚值合约则联动比例低，也会看对行情没赚到钱，但归零损失较少；选择浅虚值合约则看错行情损失较大，但若看对行情则获利金额也较大。这中间有利有弊，难以抉择，成了在进行期权实盘交易时的一大难题。

正所谓金融市场上没有专家，只有赢家，能够达到获利的目的就是好方法。在不同的时空背景下，可能会出现不同的选择，笔者所能够分享的，建立在笔者多年实操经验上，可供读者参考。

交易前的准备

我们尝试着归纳买方策略交易者失败的原因，心理素质是最大的因素，也就是人性。建立在前述三部曲层层过滤的基础上，交易者要清楚买方策略的价格变化属性，其中最重要的就是时间价值递减。因为这个属性，时间成了买方无所不在的敌人，好比你买了门票参加一场联谊舞会，随着时间的流逝，如果没有找到真命天子，那么所付的门票钱就会打水漂。

如果能够事先得知这场联谊参加者的详细信息，那么找到真命天子的概率将大大提高。若事前没有做任何功课就贸然进场参加，则找到真命天子的概率与大海捞针无异。

还有一种可能，就是真命天子出现了，但却由于你的状况不佳，比如谈吐、穿着、仪态等出了问题，最后还是不了了之。

把联谊舞会结束时间当作合约最后交易日，真命天子则是预期的大行情，门票费是你付出的权利金，遇到真命天子时的表现是你的操作技巧，那么为了在有限的时间中找到真命天子，并能够好好表现、一举成功，你能不好好做功课吗？

最好的情况是：不轻易参加联谊，毕竟门票费不便宜。时时观察每一场联谊的状况，收集信息、详细评估可能遇到真命天子的概率，不断模拟遇到时该如何表现，方能一举成功。

"三年不开张，开张吃三年"这句话点出了买方交易者不轻易出手，出手后便获取大报酬的精髓。不轻易出手却终究出手，表示有了相当大的把握，在有效技巧的支撑下，自然容易成为赢家。

反之动辄意气用事，抱着赌徒的心态任意为之，损失归零也不以为意，只为谋取万中无一的幸运大奖，长此以往，绩效惨不忍睹当然不出意料，完全埋没了买方策略应该有的操作价值。

笔者多年来经常在讲座上与投资人接触，在此过程中实在是看到了太多的不良操作，"不轻易犯错"这种浅显易懂的道理，在赌徒心态的人性弱点面前不堪一击。

进场时的决断

思想准备充分了，接下来进入交易阶段。进场建立部位是第一关，其中可以再细分成选择策略、决定合约及资金多寡三个要素。有关选择策略的部分，笔者的个人经验是：在多空明确的情况下，四大基础策略就是最佳的选择，本节讨论买方策略，因此就是偏多时买入认购期权，偏空时买入认沽期权，简单明了。

在整个进场建仓环节中最让投资人感到困惑、也被讨论得最多的部分就是对行权价的选择。从归零考量及倍数效果的角度来看，虚值合约远比实值及平值合约更佳，不管是深虚值还是浅虚值合约，都各有优缺点，现在结合权利金特性及技术分析从另一个角度对虚值合约进行考量。

期权权利金分为内含价值及时间价值两部分，由于虚值期权没有内含价值，因此权利金全部是时间价值。以绝对数值来看，平值合约的时间价值最高，之后随着合约虚实度的提高而时间价值逐步降低，越深度实值或越深度虚值，时间价值越低（如图 5-11 所示），从变化速度（Gamma）来看，越往平值靠近的期权合约，其时间价值上涨的速度越快，于平值时速度达到最高点。

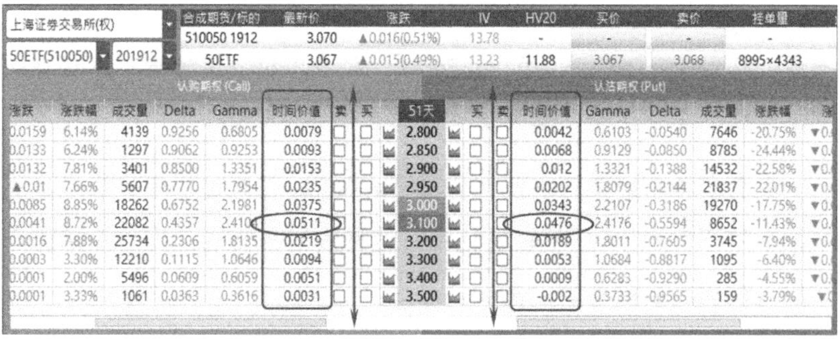

上海证券交易所(权)
50ETF(510050) 201912

合成期货/标的	最新价	涨跌	IV	HV20	买价	卖价	挂单量
510050 1912	3.070	▲0.016(0.51%)	13.78	-	-	-	-
50ETF	3.067	▲0.015(0.49%)	13.23	11.88	3.067	3.068	8995×4343

认购期权 (Call) / 认沽期权 (Put)

涨跌	涨跌幅	成交量	Delta	Gamma	时间价值	卖	买	51天	买	卖	时间价值	Gamma	Delta	成交量	涨跌幅	涨
0.0159	6.14%	4139	0.9256	0.6805	0.0079			2.800			0.0042	0.6103	-0.0540	7646	-20.75%	▼0.
0.0133	6.24%	1297	0.9062	0.9253	0.0093			2.850			0.0068	0.9129	-0.0850	8785	-24.44%	▼0.
0.0132	7.81%	3401	0.8500	1.3351	0.0153			2.900			0.012	1.3321	-0.1388	14532	-22.58%	▼0.
▲0.01	7.66%	5607	0.7770	1.7954	0.0235			2.950			0.0202	1.8079	-0.2144	21837	-22.01%	▼0.
0.0085	8.85%	18262	0.6752	2.1981	0.0375			3.000			0.0343	2.2107	-0.3186	19270	-17.75%	▼0.
0.0041	8.72%	22082	0.4357	2.410	0.0511			3.100			0.0476	2.4176	-0.5594	8652	-11.43%	▼0.
0.0016	7.88%	25734	0.2306	1.8135	0.0219			3.200			0.0189	1.8011	-0.7605	3745	-7.94%	▼0.
0.0003	3.30%	12210	0.1115	1.0646	0.0094			3.300			0.0053	1.0684	-0.8817	1095	-6.40%	▼0.
0.0001	2.00%	5496	0.0609	0.6059	0.0051			3.400			0.0009	0.6283	-0.9290	285	-4.55%	▼0.
0.0001	3.33%	1061	0.0363	0.3616	0.0031			3.500			-0.002	0.3733	-0.9565	159	-3.79%	▼

图 5-11　时间价值在平值合约处为最大值，向两侧递减

以上说明，当我们买入虚值期权合约时，若行情看对，那么此虚值期权合约往平值靠近，其权利金加速度上涨。若标的资产变动一单位，那么前一单位对期权权利金上涨的带动程度不如后一单位所带动

的程度高，用期权专业术语来说，就是 Delta 递增。Delta 在到达平值时为最高点，之后随着实值程度增加而加速度递减。

既然权利金会随着合约靠近平值的程度而加速度上涨，在平值时的时间价值最高，那么此时平仓卖出获利的部位，具有相对高的价值。在此情况下买进的合约行权价就以其能否达到平值为标准，也就是买入虚值的期权合约，于行情看对、期权合约来到平值时止盈平仓出场。至于哪个行权价能够有机会从虚值变成平值，取决于你对行情目标价的看法，目标价看到哪里，行权价就选在哪里。

我们以看涨而买入 50ETF 认购期权为例进行说明。前面提过，越虚值的期权合约，获得较高倍数收益的可能性越大，深度虚值期权具有较少归零损失的优点，缺点则是与标的资产联动性低。若标的资产价格涨幅不够，则权利金会因预期心理不高及到期日的逼近而难涨易跌，形成看对行情却没赚到权利金价差的尴尬情况。因此从联动性的角度来看，深度虚值的合约不是好的选项。

理想的状况是对接下来行情上涨后的目标价有一个预期，以离此预期目标最近的行权价合约作为买入对象。随后若行情真如预期上涨至此目标区，则此买入期权合约将从虚值变成平值合约，此过程中的权利金获利加速度达到最高，当时间价值达到最大时平仓出场。预期行情的涨幅目标就以技术面上最近的有效压力位作为标准。

在行情看涨时选技术面上最近的有效压力位为买入认购合约行权价的标准，在行情看跌时选技术面上最近的有效支撑位为买入认沽合约行权价的标准。这里所谓的有效，是指 K 线战法上的支撑/压力位来源，长阳线、多方缺口及低点转折处为支撑位的来源，长阴线、空方缺口及高点转折处为压力位的来源。**其中单根长阳、长阴线的高点、中值、低点都是有效的关卡，缺口则以上缘及下缘为依据**，如图 5-12 所示。

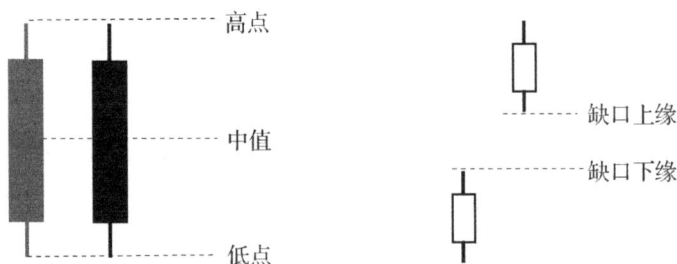

图 5-12 K 线战法上支撑/压力位的来源

这里我们结合了权利金变化特性与使用技术分析中支撑/压力位的效果，形成了"买虚值，卖平值"的规则。此规则把一笔预测成功的交易买卖点都包含在内，对于操作者而言算是相当实用的技巧。

以 2019 年 6 月中旬 50ETF 期权发动的倍数获利行情为例。从图 5-13 中可以看出，行情经过近一个月的横盘震荡整理后，于 6 月 11 日出现突破性长阳，形成进场买入认购期权的机会。考虑到上方有 4 月形成的头部形态压力，行权价范围是 2.9~3.05 元。技术面压力位可作为上涨目标价的参考，买入行权价为 2.95 元的认购期权是一个合适的选项。

图 5-13 长阳多方表态后，头部形态压力是上涨目标区

行情经过 5 天的窄幅震荡整理，由于并未出现收盘价跌破长阳中值支撑位的状况，视为结构并未转弱，因此继续持有认购合约。之后，在国际局势转好的利多刺激之下，行情再度展开攻势，先是一个跳空缺口上涨，之后再拉出一根大阳线。在行情出现两日大涨后，来到之前预判的满足区，此时原本买入的 2.95 认购合约已从虚值变成平值，依照 "买虚值、卖平值" 的规则把手中持有的认购合约平仓止盈出场，可以有相当显著的倍数获利，如图 5-14 所示。

图 5-14　当涨势真如预期来到此区域时，视为初步满足点

以实盘数据来看，6 月 11 日长阳线收盘时，2.95 认购期权报价在 100 元左右，随后行情整理 5 个交易日，权利金逐渐降低，6 月 18 日来到最低点 19 元。在行情出现两日大涨之后，在虚值变平值的爆发力的带动下，权利金达到 500 元以上，以 6 月 11 日来看有 4 倍的获利，以 6 月 18 日权利金起涨前的低点 19 元来看，获利幅度高达 25 倍多。

进场后的更多考量

相信此时会有人产生疑问：如果我持续看多后面的行情趋势，在手上部位变成平值时止盈出场，接下来就空手吗？万一踏空了不就错失行情了？

考量到短线涨多可能拉回的概率提高，持续发挥买方倍数获利而损失有限等因素，将原先部位于平值后止盈出场的部分获利拿来买入更虚值的合约，是一个良好的策略。

若行情持续大涨，新布局的虚值合约可接棒发挥获利效果，不致错失行情；若行情出现反向回弱，此时因为本金及获利已大部分收回，仅拿一部分资金出来再做投入，则获利回吐的损失就相对有限，具有"持盈保泰"的优点。

这里所谓的"部分投入"，可以是获利的一部分，也可以是相同的手数，依投资者个人的风险偏好而定。新布局的虚值合约行权价的选择方式与原先部位的规则相同，在行情达到第一次预期的目标后，更新后的预期目标价成为新进场合约的行权价的选择标准。

还有一种情况：万一预期的目标价没有到达，那么手上部位该如何处置呢？

我们延续前面看多的例子继续说明。站在有技术面依据而进场的观点（突破性长阳、吞噬线、母子线等），加上期权买方损失有限的特性，或许继续持仓会是一个好选项，但时间的损耗也会提高归零的风险。既然是看方向的操作，那么将判断行情是否转弱作为认购期权买方续抱的依据，更能体现"扛该扛的风险"之操作真谛，而不是轻率地续抱归零。

具体的做法就是通过对支撑/压力位是否反向突破来确定原有气势是否转弱。涨多修正、跌深反弹，是行情行进间的正常状况，修正不代表空头起跌，反弹也不意味着全面翻多，分辨是否出现气势逆转的简易方法就是支撑/压力位的有效性。在涨势中行情跌破有效支撑位代表多方气势转弱，在跌势中行情站上压力位说明空方气势暂歇，此时就是调整手上部位的时机。

在买入期权后若行情没有达到预期的目标价，续抱标准就在于原有气势是否转弱，重点看支撑位与压力位是否守住。以做多为例，只要最近的支撑位没有被跌破，那么就算出现震荡行情，买入的认购期权也应该续抱。一旦行情跌破支撑位，就代表多方气势走弱，此时就算买方策略损失有限也应该离场。

期权是否适合浮盈加仓是另一个被广为讨论的议题。任何一款金融商品的加仓的准则都是，判定行情尚未结束，甚至有持续走强的可能性，此时不仅原本手上持有的获利部位不放，甚至还要加大部位以取得更好的绩效。

可影响期权权利金变化的因素有很多，在考量时比传统金融商品复杂。诸如标的资产的续航力、速度、期权合约本身的虚实程度、隐含波动率高低等，都对权利金有不同程度的影响。因此期权不是不能在浮盈时加仓，只是在操作时需要考虑的层面较多。

在众多因素中，标的资产的涨跌速度是最重要的。通常具有加速度的走势，会带动市场预期，进一步拉高隐含波动率而推升权利金的涨势。技术分析中的 K 线战法具有判气势的作用，对于研判行情的涨跌速度有很大帮助。

卖方重防御——形态学

好比光与影、阴与阳是一体两面一般，在看方向的期权操作策略中，与买方策略形成攻防对立的就是卖方策略。所有对买方获利的考虑，都是卖方风险的来源，是典型"零和游戏"的角力。

在策略属性上，买方是杀伐决断的"将军"，卖方则是运筹帷幄的"谋士"，武与文的分野明显。气势是买方获利的关键，策略是卖方胜出的妙方。以柔克刚、迂回转进是卖方策略高手的特质，兵来将挡、水来土掩最能说明卖方的应对逻辑。

卖方策略通过卖出期权合约收取权利金，在行情行进变化中，通过市场预期合约行权价值可能降低，导致权利金的减少而获利。虚值或平值合约权利金的减少全部来自时间价值的递减，实质合约权利金的减少则可能同时来自时间价值及内含价值的降低。由于市场预期心理牵动着合约的买卖供求关系，当未来行情波动预期降低时，权利金中的时间价值将快速降低，具体降低的情况受到市场预期心理的主导，市场预期心理则可通过技术分析做侧写。

受到期权理论的影响，对于初入期权市场的投资者来说，卖方策略从来都不是首选。不管是买方倍数获利的吸引力，还是卖方损失无限的恐怖案例，都使得进入期权市场的新手以买方策略为主，让卖方策略明珠蒙尘。不过换个角度来看，这样也挺好，卖方策略有其完整的思维体系及操作逻辑，对讲求谋略的卖方而言，准备好再上场就不会错。

卖方策略的优点

在西方擅长卖方策略的高手眼中，期权卖方的优势被推崇备至。在专门介绍卖方交易技巧的外文书籍中，清楚地列出了从事卖方策略的六大优点，而我们所熟知的高胜率仅仅是其中之一。下面将卖方策略的六大优点分别说明如下。

（1）胜算站在你这边

我们曾提到，从最后交易日的实际数据来看，美国标普 500 股指期权及中国台湾股指期权都有高达 70%～85%的归零率。由于时间价值具有随时间流逝递减的特性，在多数情况下深度虚值合约都难逃没有行权价值的命运，而到期时没有行权价值就代表着权利金归零。

期权卖方通过卖出合约的方式收取权利金，这在本质上与保险公司以卖出保单的方式收取保费的性质相同。虽说保险公司经营绩效有好有坏，但通过生死率及再保险的精算，在理赔状况少、多数保费失效的情况下，基本上处于优势地位。同样的逻辑，运用卖方策略的投资者有的长期获利、有的不慎爆仓，如何活用策略、趋吉避凶固然是决定赢家的准则，但在权利金中时间价值到期归零的特质奠定了卖方具有较高胜算的基调。

（2）获利了结程序变得更单纯

在股市中有一句名言："会卖股票才是师父"，这说明如何掌握离场点是一门学问。若卖得早就会踏空少赚；若卖得晚，则会使获利回吐，纸上富贵。掌握恰当的离场点成为一道难题，但对于期权卖方而言相对没有这个困扰。

就像放空一档股票一样，当股票价值大幅下跌时，融券获利空间就渐渐有了上限，而当股价接近 0 时，获利也接近了最高点。在跌无可跌的情况下若行情出现反弹，反而会造成浮盈回吐，导致白忙一场。

考量到风险报酬比率及资金使用效率，当卖出部位的权利金已大量下跌而使未来获利空间缩小时，操作者应适时止盈收回本金及获利，另寻可能的进场机会。这个标准对卖方而言相当明确。

（3）时间站在你这边

在看方向的期权操作策略中，有效判断行情后续走势成为主要的获利关键。对于多空方向的判别能力，各策略皆有所长，却也都无法说是完美的。或许在某些期间的特定技巧能够有效胜出，但在行情惯性改变后若没及时调整策略，可能就会风水轮流转，此消彼长。

从到期日的角度来看权利金的组成结构，内含价值受到行情走势的影响，但时间价值却一定会归零。这在一定程度上奠定了卖出深度虚值合约的高胜率，让策略容错率大幅提高。

（4）方向只需大致判断正确

对于以赚取时间价值为主的虚值合约卖方而言，最重要的目标就是维持手中的卖出部位不要变成实值。这不仅仅是针对到期日那一天，在所有持仓的日子里都是如此。只要让合约行权价与市价维持相当大的距离，时间价值就会在大概率上呈现明显下跌趋势。

要做到这个目标很难吗？对于有一定多空方向判断能力的投资者来说，期权卖方策略不需要像操作股票或期货那样得对买卖点位有精准的研判，更不用说期权买方还讲求速度。在行权价与市价具有一定的安全距离的保护下，卖方所要求的是预防小概率行情的发生。若把行情分成大涨、温涨、盘整、温跌及大跌 5 种类型，卖方所需判断的是不发生大涨或大跌，假设 5 种行情类型的发生概率相同，则卖方仅需衡量及避免 20%的行情发生概率即可，80%的概率都对策略获利有利。

也就是说，对一个看多的期权卖方而言，若选择的策略是卖出虚值认沽合约，则不必去精准判断行情接下来到底是要大涨、急涨、温涨、盘坚还是盘整，只要不是大跌就好。甚至拜时间价值所赐，在恰当的操作技巧的辅助下，小跌行情或许都能获利，成为整个资本市场中唯一"看错方向还赚钱"的策略。

（5）再也不需要拿捏精准时效

就获利的条件来看，卖方手上部位在到期时若仍处虚值或平值，则将尽赚时间价值，因此卖方在对行情方向的判断上要求相对较低，进场考量的另一重点就变成了资金收益率。

也就是说，只要方向判断没有出现问题，时间价值归零就成了大概率事件，一单位能够获利多少成为考量重点，行权价距离市价的远近（也就是合约虚实度）成为影响收益率的关键。具体计算公式如下：

使用资金年化收益率＝进场时所收权利金／

卖出部位所需保证金／到期天数×365

这里假设建仓所收到的权利金都是时间价值，最后都会归零。提前平仓出场未归零的部分或是实质合约中属于内含价值的部分，则需扣除。

当然，我们在实盘操作时不会把全部资金满仓操作，会留一定比例的现金应对盘势变化的动态调整，这部分现金将降低整体资金收益率。因此还可以用公式另外算出总资金报酬率：

总资金年化收益率＝使用资金年化收益率／(1/使用资金比率)

举例来说，若使用资金的年化收益率是 15%，但只用四成资金进场建仓，六成资金维持现金部位，则总资金年化收益率= 15% / (1/0.4) = 6%。可以发现，虽然现金部位保留越多越安全，但也会因此大大降低总资金收益率。

对于期权卖方而言，在大概率行情判断正确的情况下，只要收益率能够接受，随时都可以进场布局，不需要特别考虑短线行情可能带来的震荡。当然行情判断大概率正确还是需要技巧的，只是对精准度的要求已大大降低，这与期权买方策略形成强烈的对比。

（6）明确的风险控制

相对期权买方策略要求标的资产行情走出气势来驱动权利金上涨，期权卖方操作者则通过各种手段来避免在收取权利金后履行"义务"。好比是足球比赛中的场上教练一般，如何用尽所有方法，调兵遣将让对方无法破门，是所有教练的最终目标，坚壁清野、围魏救赵、以空间换取时间等，都是卖方操作时常用的战术。

在具体的实盘操作上，除了研判标的资产方向作为主要布局依据之外，在各种期权软件中那些密密麻麻、让人头昏眼花的希腊字母（Greeks）及其他数据（如隐含波动率、持仓量变化等），也是卖方操作者手上既有部位最佳的风险控制参考指标。通过对这些数据的解读，可以明确掌握整体部位的多空联动方向、价格变化速度、时间价值递耗程度及波动影响程度等。

当手上部位相对复杂多样时，通过整体参数来控管就变得相当重要，因主观判断所带来的失误概率也因此大幅降低。此方法成为卖方策略操作者的一大优势，也是做好卖方策略的一大关键与挑战。

以上六点从不同角度简明扼要地点出了卖方策略的优势。从人性、概率、条件、风险等各方面来评估，期权卖方策略都具有迥异于传统投资方式的特质及优点。了解卖方策略理论上的优点，有助于建立在实际操作时的完整思维，不至于过度夸大策略风险。

既然卖方是以收取市场上避险者的"保险费"或投机者的"投注金"为获利来源的，那么如何避免出现"保险理赔"或"彩金给付"就成为策略考量的重点。卖方获利的最大值为所收取权利金的总额，行情看得再精准也不会多赚，因此收益率不会被优先考虑，安全性才是被考虑的重点，这个必须牢记在心。很多投资者往往疏忽了这一点，在追求高收益率的同时暴露了过多的风险而赔上了本金。在期权交易史上不胜枚举的爆仓案例，就是最好的活教材。要避免爆仓，首要的修炼就是不贪心，其次才是谋略布局。

不求赚多，只求安全，防御性是卖方布局的重心。在期权卖方布局选择上有一个比喻，即"偷摘西瓜理论"，它是这么说的："西瓜田中间的西瓜很甜，偷摘来吃会很好吃，但农夫来了，你来不及跑掉；西瓜田边上的西瓜或许没那么甜，但远远就可以看到农夫来，有充足的时间可以应变。比喻中提到的西瓜田中间的甜西瓜，可以理解为没那么虚值、权利金较高的合约。而不那么甜的西瓜，则好比是深度虚值的合约，或许权利金远远不如浅虚值甚至是平值、实值的合约的权利金高，但有充足的应对时间，安全性较高。

其实用偷摘西瓜来比喻期权卖方策略布局不那么恰当，但其中有关应对时间的隐喻是卖方布局时的精髓所在，它生动地点出了效益与风险的取舍关系。

是否可以逆势加仓

在布局深度虚值合约时，我们偶尔会遇到权利金因为某些因素而上涨的情况，例如短线行情的不如预期、隐含波动率上涨等。在判断深度虚值合约依旧相对安全的情况下，投资者可能会想要在权利金上涨时加仓卖出，但这么做却可能让自己暴露在较高的风险之下而不自知。在讲授实盘课程的过程中，笔者发现不少投资者会这么做，所以特别在此加以说明。

既然是深度虚值合约，就代表有相当大的安全空间可以应变，到期时权利金仍会大概率归零，为什么说该合约会有较高风险？

首先，权利金走高必有其背后因素。比如，行情转为逆势发展。投资者因为看涨而卖出认沽期权，因为行情短暂下跌而出现卖出认沽部位的权利金上涨，但若期权的虚值程度还相当深，则就算出现权利金上涨而浮亏，也应该续抱等待行情稳定后的时间价值走跌才对。此时逢高再加卖出更多的认沽期权，不就可以提高获利机会吗？

又或者是因为隐含波动率达到了一个相对低点而反弹，此时标的资产价格并未出现不利走势，部位浮亏完全是因为时间价值虚增所造成的。既然是深度虚值合约，那么到期时归零的大概率并未改变，一样有加码卖出期权以获取更多利润的理由。

以上这些思考是因为站在了到期日的角度。这样想没错，但卖方交易是一个连续的过程，而不是只有到期日这个时间点。权利金上涨而手上持有卖方部位，不管造成这种情况的理由是什么，都已处于逆势。你以为逢高加收权利金是一个好策略，殊不知逆势进场就是一种猜顶摸底的行为。若权利金持续走高，不仅原有卖方部位出现被逼空的现象，再加卖的部位更会让保证金耗用的情况雪上加霜。或许在到了到期日时权利金真归零了，到期前的逼空才是最大的风险，纯粹以到期日来思考如何布局会出现盲点。

进一步探讨，就行情出现不利走势这一点来看，初期投资人会因为手上部位仍处于深度虚值状态，在判断上依旧倾向于安全性仍高。

但行情发展本就不是可确定的，你以为不利走势是短暂的，但若误判而实际上却出现真正的单边市，逢高加卖的结果将会因为保证金快速减少而大幅缩短应变时间，使动态调整变得难上加难。

好比你是足球场上的守门员，对手从远处将球直射向你，你认为距离尚远而静观其变，甚至认为球速不足以支撑其到达球门，因此主动离开球门去拦截。一切看似胸有成竹，没有问题，但如果误判了呢？

误判的结果就是失分，放到期权卖方来说，就可能是大幅亏损或爆仓。轻敌、托大都是致命伤，而逆势加仓就好比离开球门转去拦截，此时应变时间将大幅缩短，若看错将换来无法挽救的局面。收益与风险不成比例，不应轻易尝试。

形态学于防御的效果

考虑到时间价值递减的特性，卖方持仓时间通常较买方的持仓时间更久，卖方甚至会将当月合约持有到最后交易日。把持仓周期较长及重防御不重攻击的策略特性结合技术分析各派理论，可以发现形态学能够发挥非常好的效果。

技术分析五大门派，即趋势、形态、量价、指标、K线，形态因为形成周期较长而排名第二位，其本身就具有易守难攻的效果。因为一个明显的形态需要较长的时间方能成形，交易量密集导致形态成形后代表性高，不容易被反向走势破坏，因此"易守"；却也因为形成所需时间较久，在确认时往往已失先机，所以在攻击效果上略逊一筹，此谓"难攻"。

在形态学的两大分类中，反转形态同时具有较强的方向性，因此防御效果会较仅具有密集交易量的整理形态更好。例如双重顶（M头）

形态本身不仅有密集交易，而且有较大的套牢量，其多翻空的方向性使得防御效果比收敛三角形更佳。

　　找出形态学中（尤其是反转形态）重要的支撑/压力位，就找到了卖方布局时行权价选择的依据。绝对高低点、颈线、趋势线等，都是常见的参考依据。不少期权自营商在新仓布局时，就以此方式为依据，之后才视盘势变化进行动态调整。由于K线是形成形态的基础，因此我们常常可以看到不少形态上的依据同时也符合K线战法。在此情况下，因其同时符合形态学及K线战法上的支撑/压力位效果，解读上自然也就更具威力。

　　2019年2月25日50ETF高达7%以上涨幅的大阳线是最具代表性的范例，如图5-15所示。此阳线本身振幅够大，符合K线战法中长阳的条件，加上带有多方缺口，因此低点同时符合长阳及缺口的两重支撑意义。

图5-15　重要支撑区是卖方策略行权价选择的参考

随后，行情出现涨多并被拉回，数次被拉回此处，出现多方抵抗迹象，可以依据形态学判断此处具有箱形整理底部效果，并在 5 月之后进一步推论出颈线支撑。

以此重要支撑为"楚河汉界"，在此位置以下布局卖出认沽合约，接下来超过半年以上的时间，都未出现行情跌破的情况而稳收权利金（事实上，在 2019 年 11 月本书写作时仍能持续有效地守住）。这就是形态学上有效支撑作为卖出认沽合约布局参考的运用。

当然，完整的卖方交易不是只有利用支撑/压力位作为布局参考这一项，多空结构与看法、动态调整、资金控管等，都是卖方策略稳坐收租江山的重要控制元素，因此我们总结交易流程形成了稳定收租三部曲，为卖方策略投资者提供依据准则。

——————　稳定收租三部曲之建仓布局　——————

都说万事开头难！在投资操作上的所有心魔，都是从进场建立部位后开始出现的。卖方顶着"损失无限"的压力，建好仓位对交易尤其重要。一旦在起步时乱了，后续的调整也将会是一场无止境的噩梦，不可不慎。

我们集结了在实盘操作时投资人常犯的建仓盲点与误解，逐一说明如下。

万年起手式——卖出宽跨式策略

若从纯操作获利而非避险的角度来看，在我们遇到的所有卖方建仓系列问题中，预设卖出宽跨式策略或只会卖出宽跨式策略位居排行榜第一。这个现象不仅仅存在于一般个人投资者身上，也被机构投资者广泛使用。在深入了解后却发现，若没有完整的事前评估及事中动态调整能力，那么卖出宽跨式策略只会徒增部位风险。

以下是笔者在演讲会后与私募基金从业者的对话：

"如果卖出宽跨式部位遇到明显单边市行情而被逼空时，则如何应对？"

"将亏损部位止损出场后，卖出更虚值的合约建仓。"

"那么如果行情持续单边发展，新建仓的部位又被逼空了呢？"

"持续同一个步骤，止损后再卖出更虚值合约。"

……

卖出宽跨式策略模式是一成不变地止损卖出更虚值的合约，当遇到强势格局的行情时，具有相当大的逆势风险。这种操作模式并不是单一特例，而是普遍存在于机构或基金从业者中的。究其原因，实乃没有将期权策略与标的资产行情判断结合所致。历史上不乏国际基金从业者采用此种策略而吃了大亏的例子，甚至出现了爆仓的结果。

在前文中，我们不断强调对于标的资产的多空看法是拟定期权策略的基础。要记住行情多变，没有一种策略是可以一体适用的。理想的卖出宽跨式策略适用于标的资产行情为盘整格局、权利金隐含波动率相对较高的情况。一味地以单一策略去面对多样的行情并不算是融会贯通，单边市行情的出现将考验使用卖出宽跨式策略者的应变能力。治本之道在于避开考验，而不是等到考验出现时疲于奔命地应付。

不需要行情辨别能力

都说卖方策略容错率高，也就是对于多空判断不需要太高的精准度，在某种情况下甚至会出现看错行情也能获利的特殊现象。前文我们也提到美国专业期权操作者对于卖方策略提出六大优点，其中就有"方向只需要大致判断正确"的看法，这都说明了多空看法容错率高的特性。

但对多空判断不需要太高的精准度不代表可以完全没有多空看法，看错也能获利属于特殊情况不能一概适用，大致判断正确也要有个"大致"的看法。千万不要把容错率高解读成不需要有基本的多空看法。换个角度来说，高容错率的特性应视为提高胜算的利器，毕竟没有人能保证每次看法都不出错。

资金收益率是建仓布局的首要考量

前面我们说过如何计算资金收益率，也不否认在进场前先衡量风险与收益比例的价值，没有人愿意做本大利小的交易。但过度重视资金收益率的结果，往往会让进场时行权价的选择过于暴露风险。

卖方策略重防御的理由已经详细说明过了，若相对安全的合约只能提供较低的资金收益率，那么将近月换成远月或等待行情出现变化后再行布局，都会远比牺牲安全边际，将行权价逼近标的资产市价以换取较高权利金收益率来得好。

之所以建议建仓时要留出安全边际以应付行情剧烈变化时所带来的不利影响，是因为作为一个义务仓的持有者，所面对的不仅仅是合约到期时手上部位被行权时损失的风险，更多的是持有部位期间因为权利金剧烈上涨所导致的保证金的快速损耗、追保强平，甚至爆仓。

虚值程度较高的合约因为联动比例（Delta）及加速度（Gamma）

都比较低，所以对于行情发展不利时的抵御能力较强，但过度虚值的合约只能带来较低的权利金收益率，因此风险与收益之间的拉扯成为卖方策略新手进场时的困扰。

在发挥时间价值递减特性而形成的高胜算优势上，对布局的考量不是个人风险偏好的问题，所考量的更高层次是安全与否的问题。哪怕你拥有较高的风险承受能力，也不应该与安全性相抵触。客观的标准是之前提到的技术分析中对支撑/压力位的运用，应通过这一标准来决定操作应该选择的行权价合约，然后视个人对收益率的要求再决定进场与否（如图 5-16 所示），选择哪个行权价合约不应因个人喜好而有不同标准。

图 5-16　卖方策略决定行权价的思考顺序

卖方被逼空时的风险来源

卖方持仓者于到期前面对权利金上涨时的风险构成因素主要来自三个方面：Delta 逆势、IV 上升及 Gamma 加大（如图 5-17 所示）。最基本的风险来自多空方向的逆势布局，比如，在行情上涨时有卖出认购期权，在行情走跌时有卖出认沽期权，不考虑其他变量，仅手上逆势部位对行情涨跌之后的反应（反映出来的是 Delta 大小），就有了基本的浮亏。

由于期权权利金的变化来自许多方面的因素影响，所以风险并非只有静态的反应一种。当行情展开速度够快、涨跌幅度够大时，将提高市场预期心理而引动进一步的追价买盘（反映出来的是 IV 上升），叠加在原本部位的联动反应（Delta）风险上，成为第二个风险来源。更麻烦的是，若卖出部位为虚值合约，则将因为行情逆势部位而让行权价逐渐往平值靠拢，随着靠拢程度逐步增加，每单位波动所带来的损失加速（反映出来的是 Gamma 上升、Delta 激增）将为第三个风险。

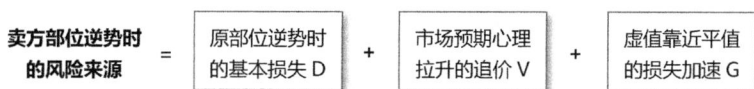

卖方部位逆势时的风险来源 =	原部位逆势时的基本损失 D	+	市场预期心理拉升的追价 V	+	虚值靠近平值的损失加速 G

图 5-17 虚值合约逆势时所遭遇的三种风险

此时因为虚值合约权利金都是时间价值，所以反应起来就会相对激烈。其中浅虚值合约比较靠近平值，容易引起市场认同度而加速买盘进驻，其受到 Gamma 及 IV 双双上升的影响程度比较深虚值合约更深，将导致损失速度加快，而大大缩短应变时间，因此在安全度上深虚值合约胜出。

既然如此，考虑到实值合约具有较低的时间价值，而且当行情逆势发展时，也会因为市价与行权价的远离而导致 Gamma 值降低，何不卖出实值合约呢？

之所以不选择卖出实值合约的理由有两个。第一，虽然随着行情看错的程度加深，Gamma 会逐步降低，但 Delta 会增加，只是增加的速度变慢而已。由于实值合约本身的 Delta 值就较高，因此 Delta 在较高的基础上持续增加，就算速度变慢，亏损也依旧较大。

第二，实值合约虽然时间价值较低，但却有虚值合约所没有的内含价值。当行情发展与原先判断逆势时，卖出实值合约将面临内含价值增加所带来的损失。时间价值会因市场预期心理增强而大涨，也会因为市场预期心理降温而回落，到期时终将归零，但内含价值却是实打实的存在的，除非行情回跌，否则就算走势降温转为盘整，卖方这部分的损失也不会被对冲回来。

通过比较卖出不同的浅虚值、深虚值及实值合约，在行情不如预期而逆势发展时，影响权利金变化而导致损失的风险因素，可以发现卖方策略在考量行权价选择时，深度虚值合约具有较佳的优势。

确立了深虚值合约在大概率上是卖方策略较佳的选择之后，如何正确选择行权价建仓布局，就要依照你对标的资产行情多空的大致看法，以技术分析上的形态学为依据，在支撑/压力位的基础上选择适当的合约进场布局即可。此处我们把卖方在建仓布局时的步骤分别叙述如下。

第一步：研判标的资产的多空结构。

第二步：根据第一步决定相对应的期权策略。例如多头格局的卖出认沽、空头格局的卖出认购、盘整格局的卖出宽跨式策略等。

第三步：根据第一步决定新仓部位适当的总 Delta，完成仓位配置。

有关第一步的多空研判部分，我们在讲述买方策略时已多有介绍，买方的进场依据就是卖方的风险来源，卖方布局时应把可能的风险考量进去。第二步是此三步骤中的重头戏，选择对的策略将有助于踏出成功的第一步，策略选对了，后续动态调整将会变得相对轻松。第三步则是第二步策略确定后的部位比重配置。针对不同的多空看法分别举例说明如下。

状况一：**行情看多，以卖出认沽合约为主，Delta 为正。**

说明：既然是卖方策略，那么在建仓时不考虑持有任何买方部位。若研判行情为强多盘，就算深度虚值认购合约有不错的权利金收益率，也不会因为距离到期日远而轻易卖出认购合约，可以建立纯卖出认沽合约（如图 5-18 所示）布局。若研判行情为震荡走多，则可以卖出认沽期权搭配少量卖出认购期权，以优化震荡行情下的浮动损益。部位总 Delta 值为正，行情越看多，Delta 正值越大。

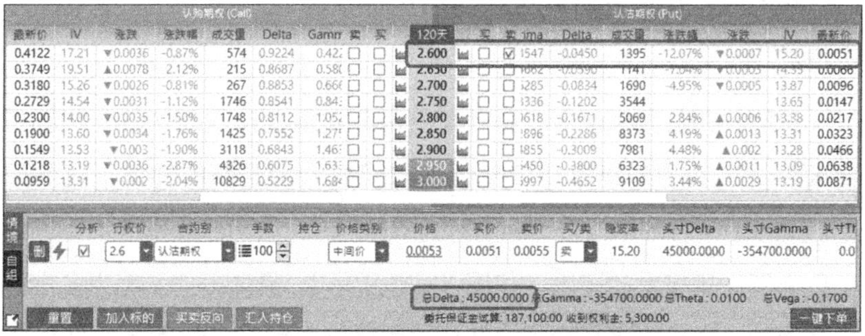

图 5-18　看多行情而单边卖出认沽合约

状况二：**行情看空，以卖出认购合约为主，Delta 为负。**

说明：与状况一类似，卖方策略在建仓时不考虑持有任何买方部位。若研判行情为强空盘，就算深度虚值认沽合约有不错的权利金报酬率，也不会因为距离到期日远而轻易卖出认购合约，可以建立纯卖出认购合约（如图 5-19 所示）布局。若研判行情为震荡走空，则可以卖出认购期权搭配少量卖出认沽期权，以优化震荡行情下的浮动损益。部位总 Delta 值为负，行情越看空，Delta 负值越小。

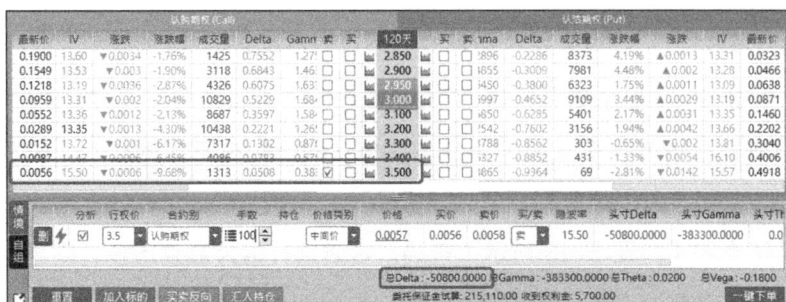

图 5-19　看空行情而单边卖出认购合约

状况三：行情看法为盘整，以卖出宽跨式合约为主，Delta 为中性。

说明：在盘整格局中，同时卖出深度虚值的认购及认沽合约都将会因为进入实质的概率持续降低而出现权利金走跌的现象，直到归零。实际上不容易建立 Delta 刚好为 0 的仓位，但 Delta 值为小正或者小负都属于可接受的范围（如图 5-20 所示）。具体 Delta 值为多少是可接受的，由投资者资金规模及风险承受能力而定。Delta=3000 对于操作资金分别为 20 万元的投资者及 500 万元的投资者来说，有不同的解读。

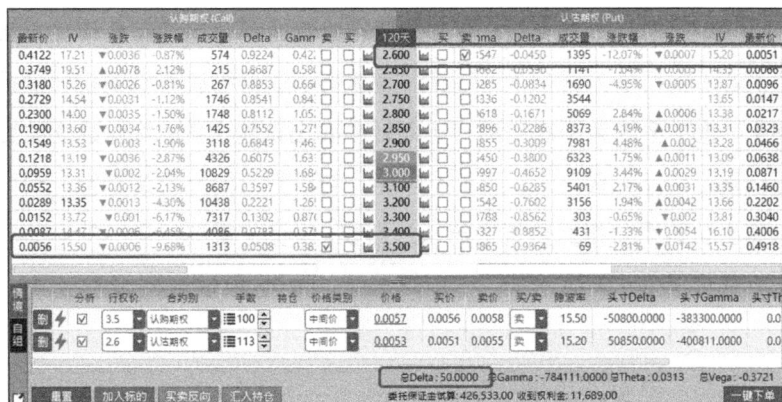

图 5-20　行情看盘整而两边卖出认购及认沽

从上述三种状况可以发现，是先确立了对行情的多空看法，才决定总部位的 Delta 值倾向。总部位具有正 Delta 值，代表部位偏多，上涨有利，Delta 正值越大偏多程度越高。总部位具有负 Delta 值，代表部位偏空，下跌有利，Delta 负值越小偏空程度越高。总部位 Delta 值趋向 0，代表部位偏中性，行情涨跌对部位损益无影响，可赚取时间价值。

稳定收租三部曲之动态调整

对于一笔成功的期权卖方交易而言，其获利要件就是在平仓出场前标的资产价格始终没有来到合约行权价，在没有行权价值的情况下，随着时间的流逝而赚取权利金。也就是说只要行情没有出现不利的发展，就算行情有波动，卖方多半也不需要任何动作，静静等待时间流逝即可，要求并不高。

可若行情出现了不利的发展，卖方高胜算、谋小利不成，代价将是付出高昂的权利金。因此出现不利行情后如何调整应变，成为卖方稳定收租策略能否持续有效获利最重要的关键，也是卖方三部曲中最重要的一个环节。

所谓动态调整，是指在仓位建好之后，随着后续行情的不利发展，依据更新后的行情研判及部位 Greeks 值的变化，通过增加部位或减少部位达到新的平衡状态。若行情发展不利，减少部位则意味着止损出场。除非真有大波段的单边市行情，否则以深度虚值合约为主的卖方策略一般不会轻言认输，因此会以增加部位的方式来应对，这其中依效果程度可分成三张"药方"，分别是轻效果的"调卖方"、中效果的"调买方"及重效果的"调现货"。

效果轻却副作用少的"调卖方"

顾名思义，"调卖方"就是以卖出更多期权部位来做调整。由于卖方策略本身就具有高胜算的优势，因此只要资金控管得宜，新增的卖方部位不仅能够达到调整的目标，也能增加收益，可谓一举两得。

接下来我们以目标 Delta 为 0 的中性策略、行情上涨时保护卖出认购合约为例进行说明。在行情下跌时保护卖出认沽合约的情况可以依此类推，原理都是一样的。

以同时卖出 2020 年 1 月的 3.2 认购合约及 2.8 认沽合约形成卖出宽跨式策略，为使 Delta 趋近于 0（在实盘上不容易刚好为 0），依实际报价调整卖出认购与认沽合约数量分别为 120 手及 100 手，调整后的总部位 Delta 和为 360（如图 5-21 所示）。

图 5-21　Delta 中性策略范例

由于各合约的 Delta 值会随行情涨跌而变动，故当行情出现较大的涨跌幅时，将使总 Delta 偏离 0，行情越上涨，Delta 负值越小，行情越下跌 Delta 正值越大。

假设在建仓之后行情持续上涨，使总 Delta 值往负值变化，**在研判后认为此上涨行情属短期效应，并不会真正让卖出认购合约进入实**

值，中性策略依旧适用。此时通过卖出更多的合约以增加正 Delta 值，将已成负值的总 Delta 值拉回 0，卖出更多的认沽合约可以达到此效果。这种通过卖出更多期权来达成 Delta 目标的方式就是"调卖方"。

　　在时间价值递减对卖方有利的特性下，一般增加卖出的合约都以虚值为主，不一定非是相同行权价合约。在此例中，可以增加卖出更多的 2.8 认沽合约，也可以增加卖出较浅虚值的 2.85 认沽合约，只要达到目的就好。虽然增加卖出越浅虚值的合约效果越好，但若行情出现回马枪，则很容易形成短套，安全空间也较小。

　　除了新卖出部位行权价的选择之外，资金控管是"调卖方"的另一项课题。由于增加卖出部位需要更多的保证金，故在被逼空的认购部位及新卖出的认沽部位之间如何取舍，严格考验着投资人的控盘能力。

　　在理想情况下，若行情研判及动态调整得宜，原始建仓部位及新动态调整部位都会在持续虚值的情况下时间价值递减、双双赚取权利金（如图 5-22 所示）。在这种情况下，增加卖出部位以调整 Delta 是为了维持浮动盈亏的均衡，并没有改变对原有盘整格局的看法，因此采取最温和的药方。新增加的调整部位不仅不会减少原有部位的预期收益，甚至可以增加收益。

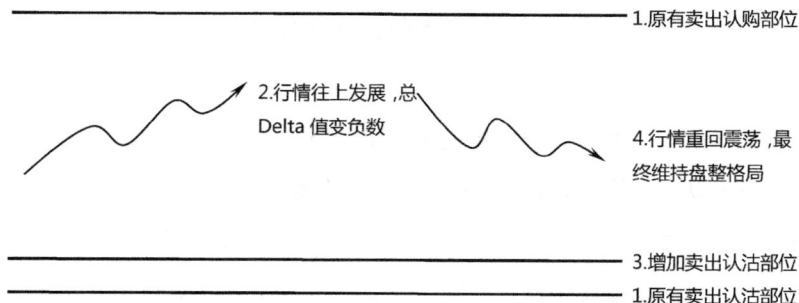

图 5-22　"调卖方"的实施步骤

凡事有利就有弊，"调卖方"最大的缺点就是效果过于温和，遇到行情涨跌幅度过大、速度过快时，往往调整的步伐跟不上行情的变化。此时就得采用效果更强的药方，来应对更险恶的行情变化。

效果显著却后患颇多的"调买方"

试想一种情况，假设行情出现不利的跳空走势或者快市，由于行情发展过速导致市场预期心理上升，进一步带动顺势边合约权利金急涨，逼空行情出现。此时卖方想动态调整合约，却发现行情过速导致反向边的合约 Delta 值及权利金大幅降低，想要增加卖出部位达到效果，除了卖出更多数量合约或选择更接近行权价的合约之外，没有别的办法。在行情波动剧烈的情况下，卖出更多数量合约或是选择更接近行权价的合约效果都有限。

卖出更多数量合约或是选择更接近行权价的合约以完成动态调整目标，或许在达到目的的同时还能增加收益，但其实也会因为卖出更多部位而增加不确定性，若不能达到效果，还会增加另外的风险，保证金的超额使用就是其中一种风险。这种情况就好像使用药效温和的药，即使增加药的剂量也无法对抗严重的病症，反而徒增负担，对症下药才是正本清源之道。对抗行情过大、过快的有效办法，就是动用威力更强的买方进场，用买方部位保护原有卖方部位的方式来动态调整。

我们沿用前面的例子持续说明。同时卖出 2020 年 1 月的 3.2 认购合约及 2.8 认沽合约形成卖出宽跨式策略，构建 Delta 趋近于 0 的中性策略。假设之后行情出现较为快速的大幅上涨，此时卖出 3.2 认购部位，因为权利金大涨而出现浮亏，另一边卖出 2.8 认沽部位，有新增浮盈但已无法跟上认购部位亏损的速度，整体部位总浮亏快速增加。

由于行情上涨速度过快，欲采用"调卖方"以平衡总 Delta 值及盈亏，但将因为各认沽合约 Delta 值及权利金的极速下滑而失去效果。此外，如果想通过卖出更多距离到期日更近的认沽合约来挽救，你会发现认沽部位的权利金下跌到一定程度后会出现钝化而相对抗跌，过低的权利金也让新卖出部位风险与收益不成正比。与此同时，认购部位的权利金却有如脱缰野马般随着行情出现急涨，在总部位浮亏快速增加的情况下，可使用保证金也跟着急剧流失而让卖出动作变得不可行（如图 5-23 所示）。

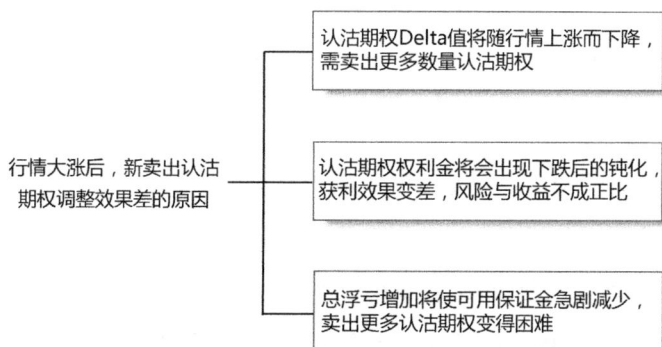

图 5-23　"调卖方"不足以应付行情变化的原因

如果要改用买方部位来保护正在亏损的卖出认购部位，则可以进一步分成买入虚一档或买入实一档两种方式。所谓虚一档是针对欲保护的合约行权价而言的，以本例来说欲保护的合约是 3.2 认购合约，虚一档的话就是 3.3 认购合约。依此类推，实一档就是 3.1 认购合约。两者在运用上的差异进一步说明如下。

如图 5-24 所示，构建好卖出宽跨式策略之后，随着行情快速上涨，上方的卖出认购部位出现浮亏，新增加卖出认沽部位进行调整已无法发挥效果。**经研判，后续行情仍属于盘整结构，涨势仅属短期表现，仍以赚取时间价值为主要策略**，为避免裸卖出认购部位遭受逼空而暴露过大风险，决定以买入虚一档认购部位进行避险保护，此时新买入虚一档认购部位将与原有卖出认购部位形成"熊式垂直价差"，方向偏空且已锁定最大损失。

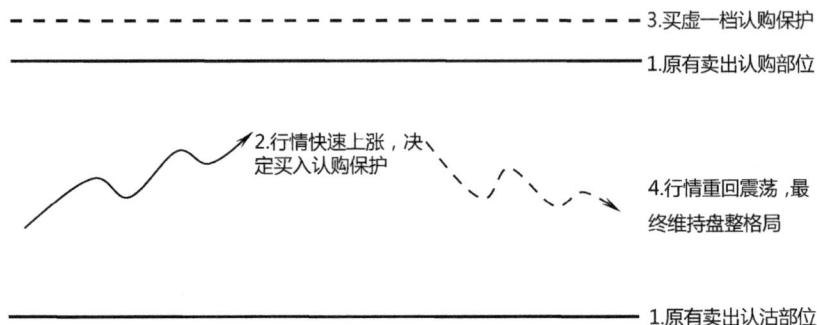

图 5-24　"调买方"中买入虚一档的实施步骤

需特别注意，此时整个策略的主要获利部位（简称为主部位）仍是卖方部位，新增买入认购期权是为了保护主部位而存在的，本身是附属性质而非获利来源。若后续行情发展真如预期为盘整结构而回跌（图 5-24 中步骤 4），则上方原有卖出认购及新增买入认购期权将双双归零，卖方主部位收取的权利金获利入袋，而保护的买方部位所付出的权利金归零将视为获利的减项，属于保险费性质。

需要买入多少数量认购期权进行保护要视行情发展所带来的威胁大小而定，最大数量以不超过被保护的卖出认购期权数量为原则。本例中原有卖出认购期权为 100 手，当新买入 100 手虚一档认购期权进行保护时，原有的裸卖部位将全部变成 100 组熊市价差策略，整体上档风险变成了有限的。在实盘运用上，除非行情过大，否则很少一次就全部保护到位。可以视标的资产行情对卖出认购部位的逼近程度进行渐进式的保护，毕竟这是在增加成本，视受威胁情况分批保护可兼顾成本与收益。

仔细比对虚一档的步骤图（图 5-24）可以发现，其整体状况与前面轻效果的"调卖方"相似（图 5-22），都研判后续行情仍属盘整结构，为了避免短线行情波动过度剧烈带来的不利影响所采取的步骤。差别在于较温和的行情可以通过"调卖方"来实现调整目的，但若行情过激发展导致"调卖方"已不堪大用，则需要效果较强、但需要付出成本的"调买方"来处理，最终的获利状况会因为"调卖方"而增加，"调买方"则因为需要付出保险费而减少获利。

眼尖的读者或许会发现，就算买入数量相同的虚一档合约以形成"垂直价差"来做保护，也不过是确定了损失上限。若行情没有如预期回落，而是呈现持续的单边市发展并突破了原有卖出认沽行权价的位置，此时就算损失有上限，也是不可承受之重（如图 5-25 步骤 5 所示）。

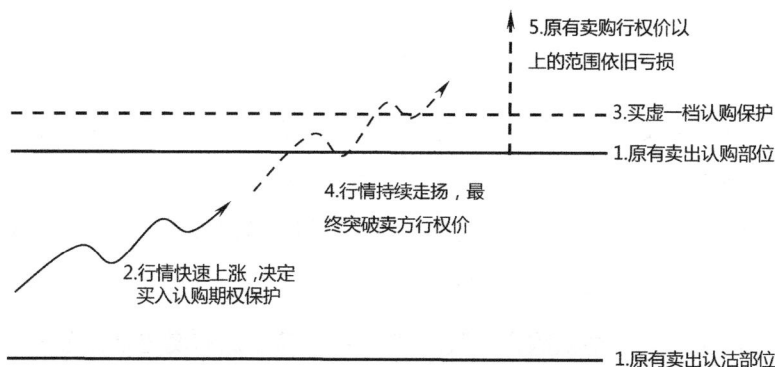

图 5-25 "调买方"中买入虚一档后，行情突破仍将造成损失

有没有一种方法可以灵活地达到保护效果，且在判断行情转为单边市格局时能迅速翻转部位多空倾向、反败为胜？买入实一档的方式就是较佳选择。

如图 5-26 所示，构建好卖出宽跨式策略之后，随着行情快速上涨，上方的卖出认购部位出现浮亏，新增加卖出认沽部位进行调整已无法发挥效果。**经研判，后续行情具有高度不确定性，大概率维持原先盘整格局，却也不排除有机会突破而走单边市。**此时若采用买虚一档的方式进行动态调整，则当行情真的出现突破单边市时，上档部位依旧会呈现亏损（如图5-25）。

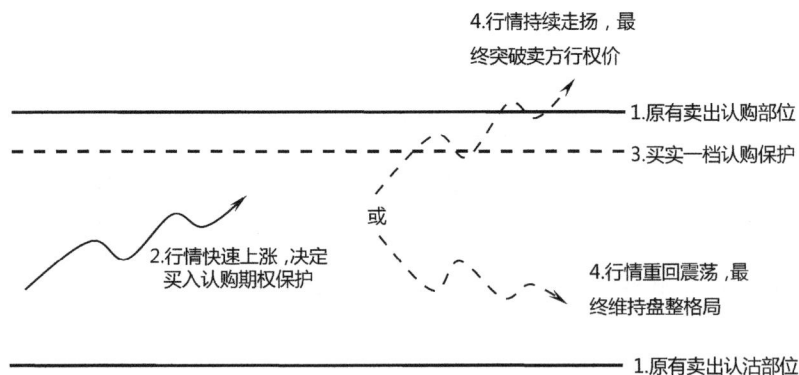

图 5-26　"调买方"中买入实一档的实施步骤

改用买实一档的认购合约来保护相对虚值的原有卖出认购部位可达到"进可攻、退可守"的效果。由于实一档的认购合约在每单位Delta值及Gamma值上都比原有卖出认购部位的还要大，因此在行情持续上涨时，可收到较好的保护效果。

当买入实一档认购合约数总 Delta 值等于原有卖出认购部位总Delta 值时，可达到完全保护之效。当买入实一档认购合约手数等于原有卖出认购合约手数时，代表将原有卖出认购部位全部组合成牛市垂直价差策略，若买入成本控制得宜，甚至可以在行情突破后将上档部位转亏为盈、反败为胜。

在实盘上的做法是采取不等比例、渐进式的分批布局买入保护。毕竟后续行情在研判上还有恢复震荡格局的机会，因此过早一次性地全面保护可能导致两头空的重大损失。随着行情的逼近而逐渐加重保护部位（此时主部位仍是卖出认购期权），并在判断行情发展已从震荡格局大概率转为突破格局时，迅速调整至 Delta 相等或手数相等，可达到全面保护或翻空为多的效果。

我们用图 5-27 来说明**随着行情逐步逼近而逐渐加重保护部位**的意义。之所以要在行情稍有上涨苗头而可能逼空卖购部位时就出手，是因为如果等到行情已逼近时才有动作，那么实一档的认购合约价格将在行情大幅上涨后变得很贵，不仅付出的保险成本过高，甚至可能会造成之后组成牛市价差时的套损而形成全面损失（即买入认购保护成本减去卖出认购所收权利金之和大于行权价间距）。早期低比例布局保护卖出认购部位，不仅可达到保险费较低的效果，更可降低跳空上涨所带来的逼空风险。至于何时该启动保护、每次保护比例是多少、分几次保护等问题，因为牵涉标的资产的走势及期权价格变化，所以无法给出一个标准范本，需视实际行情判断而定。但保持"有苗头就保护、宁可少赚不可错赔"的原则，就可以大致掌握"调买方"中买实一档保护策略的精髓。

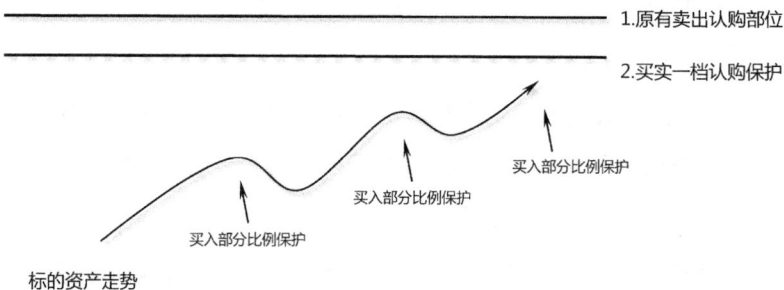

1.原有卖出认购部位

2.买实一档认购保护

买入部分比例保护

买入部分比例保护

标的资产走势

图 5-27 分批买入实一档的实施步骤

或许有人会问：为何是买实一档？买更实值的认购期权来保护不更好吗？

选择买实一档合约的理由，主要是在保护初期对于行情的判断仍以盘整格局为主，主获利部位还是以卖出认购为主，在具有效果的前提下，保险费能省则省。实一档合约比虚一档合约具有更佳的保护效果，却又不用付出较实值合约更高的权利金。此外，实一档合约在构建时与原有卖出认购部位在权利金差异的计算上较为直观，能更好地掌握部位成本，这在牛市垂直价差的损益计算上有很大的帮助。

威力最强却应变缓慢的"调现货"

还有一种方式，就是直接买入标的资产而非认购期权进行保护。由于标的资产本身的 Delta 绝对值等于 1（期权 Delta 值恒小于 1），保护起来效果最强，并且不用像买入期权那样得付出时间价值，因此在对锁套利上效果卓越，被做市商广为使用。

如果在一开始组建套利策略时，就同时买入标的资产与卖出相关认购合约，在此套利组合中，若行情在一定的范围内震荡，则可有效赚取时间价值，而若出现行情飙涨，则因为买入标的资产的强大保护力，得以有效避开上档风险。我们所熟知的备兑策略就是其中一种著名的运用。

不过，如果我们是针对原有卖出宽跨式的单边部位出现被逼空风险时所做的动态调整，之后才加入的买入标的资产，那么针对这种情况就会有一些不同的考量。

标的资产保护效果过于强大会带来副作用。我们在保护初期对于行情的看法还属于区间震荡整理，只是避开短线权利金走高或行情看错所可能产生的伤害，因此在第二张药方"调买方"中，不管是虚一档还是实一档，都采取分批买入的渐进式保护原则。此时若采用保护效果较强的买入标的资产的方式，且行情终究维持震荡格局，那么保护部位可能因此产生较大亏损而让卖出部位赚取时间价值的效益大打折扣，甚至入不敷出（如图 5-28 所示）。

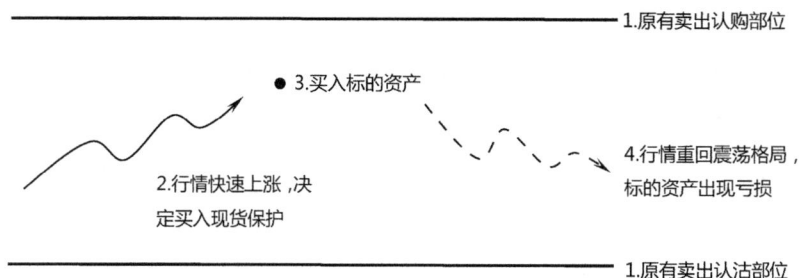

图 5-28 "调现货"的实施步骤及缺点

标的资产 Delta=1 的不可分割性让其保护效果迅速到位，却也因为其具有的不可分割性让渐进式保护不具有弹性。所谓盈亏同源，药效强劲但副作用也惊人的第三张药方"调现货"，要拿捏好运用时机才能充分发挥其优点而不自伤。

我们在之前说明"调买方"时特别强调了及早布局保护的理由，过晚地进场将导致认购合约权利金过高而付出高昂的保险成本，甚至出现套损。试想一种情况，不是不愿意及早保护，而是行情出现了大幅跳空上涨，在欲保护时进场成本已经过高，就算实一档认购合约还处于虚值状态，但在 Gamma 及 IV 的带动下权利金也已变得高不可攀，此时改用买进标的资产进行保护的优势将明显胜出。

在行情大涨后买进没有时间价值的标的资产来保护卖出认购部位，只要行情不转为大跌，不管是持续大涨、温涨、还是温跌，这种做法都比买进实一档认购合约更具优势。在后续行情温涨或温跌的情况下，买进成本高昂的认购合约将出现预期心理降温和权利金大跌的浮亏，而买入标的资产则没有这个问题。

在行情持续大涨的情况之下，似乎买入实一档认购合约组成牛市垂直价差会比组成备兑来得有利，但这在牛市垂直价差的净付权利金小于行权价间距，让垂直价差组合尚有获利空间的前提下才成立。若行情在跳空上涨之后的时间点，则此时买入实一档认购合约的成本可能让此差值为正（即净付权利金大于行权价间距），就算行情出现大涨，且超越垂直价差组合的行权价上缘，整体最大损益也还是亏损，即套损而非套利。

因此若进场保护的时间点在大涨之后，尤其是在行情跳空大涨之后，账户上出现大量浮亏而变得情况危急时，使用效果强大的买进标的资产"调现货"的方式会比买实一档的"调买方"方式更有效，当然前提是预判行情不会出现逆转大跌。

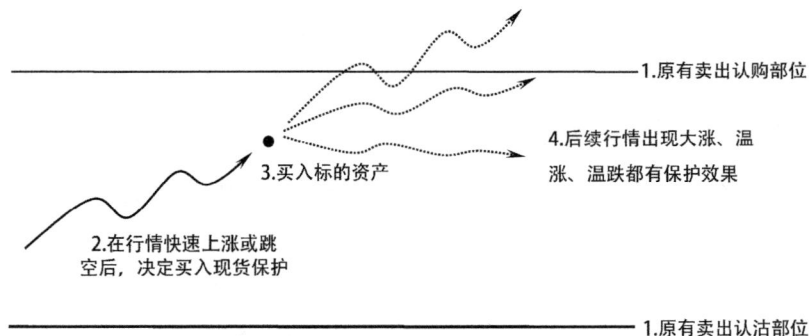

图 5-29 "调现货"的适用时机

实盘上的动态调整对于卖出宽跨式策略的运用最广，效果也最佳，因此我们就以 Delta 为零的中性策略做范例进行说明，相同的技巧也适用于单边的保护，掌握住原则即可。此外，中性策略也会因为对行情的研判变化而微调，将总 Delta 值转为偏正或偏负，不一定都以 0 为目标。

稳定收租三部曲之资金控管

把资金控管列为卖方稳定收租的第三部曲，似乎暗示着在优先顺序上，资金控管是最后一环。事实上则不然，资金控管无比重要，从进场建仓之前的策略规划阶段，就需要把资金控管考量进去，之后在动态调整时，更考验着投资者的整体资金控管的能力。我们曾在之前提到卖方爆仓的两个条件，其中一个是保证金使用比例过高，讲的就是资金控管失灵，由此可见资金控管的重要性。

卖方策略追求的是高胜算的低报酬，当高胜算事件没发生时卖方将付出相对沉重的代价，因此在一开始规划时就要将可能的应变空间都考虑进去。如前文所述，在卖方部位遭受损失时，将可能同时遭到Delta、Gamma 及隐含波动率三个因素的逼空，此时保证金的损耗是加速度的，由快市或行情跳空所驱动的损失加速，将会有如细胞繁殖一般地扩散开来，若保证金没有一定的缓冲能力，则风险值有可能瞬间暴增而导致投资者被追缴保证金，甚至被强制平仓，也就是爆仓。因此预留一定的现金比例成为操作卖方策略长久的重要因素。

既然预留现金、不能满仓操作成为卖方策略的共识，那么预留多大比例的保证金就成为投资者一项难题。预留比例高将降低整体资金的收益率，预留比例低则增加爆仓风险。我们曾在之前列出了计算收益率的公式，但却无法给出应该使用多少比例保证金的标准答案。卖方部位所暴的风险与行情后续走势、部位虚实程度、隐含波动率变化等因素都有关系（如图 5-30 所示）。其中行情变化对风险的影响最深远，若行情研判得宜，在策略拟定上自然就已趋吉避凶，若行情大幅看错，则将使手上部位逆势而徒增风险。

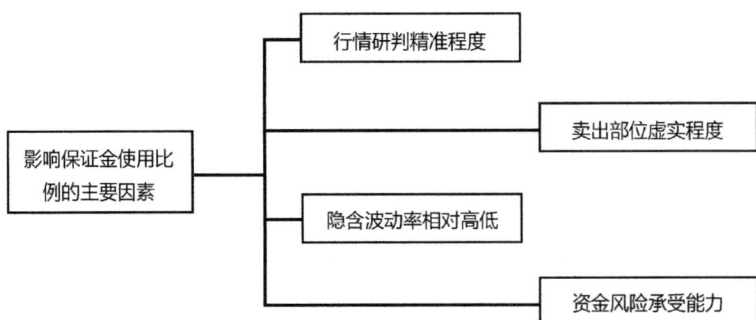

图 5-30　保证金使用比例的考量因素

基本上，后续行情研判越难、卖出部位越偏实值、隐含波动率相对越低、操作者对风险的态度越保守，就越需要降低保证金使用比例。以笔者多年的交易经验来看，卖方总体部位保证金使用量约在 30%～50%，在考量对后续行情判断、部位行权价虚实程度及隐含波动率等因素之后，对这些因素越有把握资金使用量就越往 50%靠拢，当对这些因素的不确定性增高时，就仅使用约 30％的资金。

剩下的 50%～70%的现金，主要是为了应付突发状况所准备的缓冲空间，然后在行情渐次依序发展下可加仓使用。突发状况就是指行情不如预期而快速或跳空地发展，引发这些状况的单一因素或是综合因素都会让爆仓风险大幅增加。过去的历史证明，权利金的暴涨导致卖方部位被强制平仓往往是短期事件，就算来不及适度避险，因市场预期心理高涨所导致的浮亏，大部分也会在市场激情冷却之后大幅度对冲回去，如果能够熬过强平的冲击，即使之后不能反败为胜，也比在市场情绪高涨时被强制平仓的损失小。

这样说并不是要鼓励投资者在大幅度浮亏时死扛不止损，强调的重点在于预留现金部位所能带来的抗冲击能力。

──────── 卖方交易步骤结论与心得 ────────

买方倍数获利三部曲属于事前分析的属性，卖方稳定收租三部曲与之不同，其针对整个卖方交易流程中的各项要素加以考量。这中间包含建仓布局应该有的健康观念——重风险而不重报酬，我们提出了卖出虚值合约的建议，更着重说明了卖方最重要的动态调整三种药方："调卖方""调买方"及"调现货"，以及它们所适用的时机及优缺点比较。在资金控管上，我们点出了影响保证金风险的主要因素，并提出在风险不确定性增加的情况下，应该适度提高预留现金的比例以应对可能的风险。可以说，卖方稳定收租三部曲就是交易步骤，把此三部曲弄清楚了，基本上卖方策略的交易步骤也就完备了，剩下的就是在实盘上的磨炼与成长。

看方向的期权操作之所以难以精通，其原因就在于理论的知识多半都是静态的，而打通"任督二脉"的关键却是了解动态的权利金变化，知道其变化原因及如何应对。这不仅需要扎实的理论基础（包含各种策略的优缺点、Greeks、隐含波动率、时间价值递减及钝化、虚实值合约的特性等），更需要了解标的资产未来行情的可能走势，毕竟这是影响权利金涨跌最重要的因素。可以说要内外兼修、文武兼备才有可能达到大赚小赔的境界，其复杂度比操作股票、期货更高，但所带来的报酬与乐趣也是传统商品所无法比拟的。

第六章
快速上手期权软件

─────────── **看懂行情** ───────────

前面几章学了很多关于期权操作的技巧和知识，回到现实，你还要懂得如何使用工具将所学发挥出来，不然空有"一身武功"却不知如何展现，也是痛苦的，尤其是期权交易，其软件的显示和操作都比股票、期货的复杂，因此，本章要带你一步步上手实战。

报价

首先我们要下载软件，这里推荐使用策略星公司的咏春软件，读者可自行到策略星官网下载。咏春软件可免费使用（只要注册会员就行），提供实盘行情和模拟交易功能，若未来想做期权实盘，则可以找与咏春合作的券商、期货商开户。

在进入咏春软件后，可以看到如图 6-1 所示的默认画面，这就是期权报价页面，你将一步步踏入这个神秘的市场，与它共舞。

接下来用 4 个步骤，找到你想交易的期权合约。

（1）选好交易所和交易月份。如图 6-2 所示，我们知道期权有不同时间到期的合约，而 50ETF 期权交易最活跃的是靠近当前时间的月份，图中是 10 月（直接选热门月也可以）。

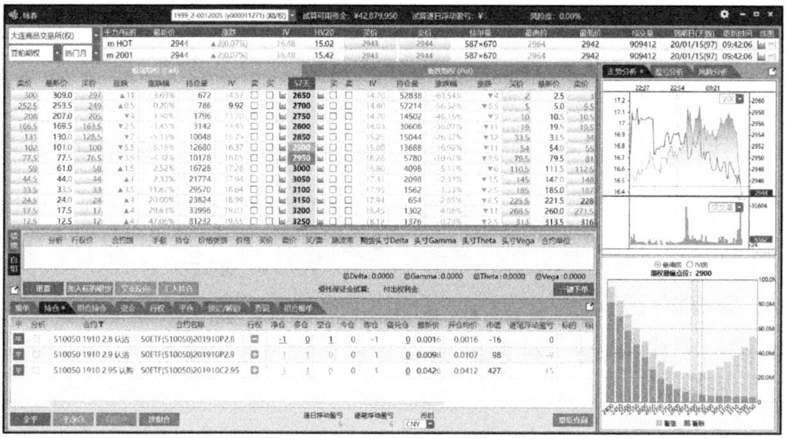

图 6-1　咏春软件期权报价

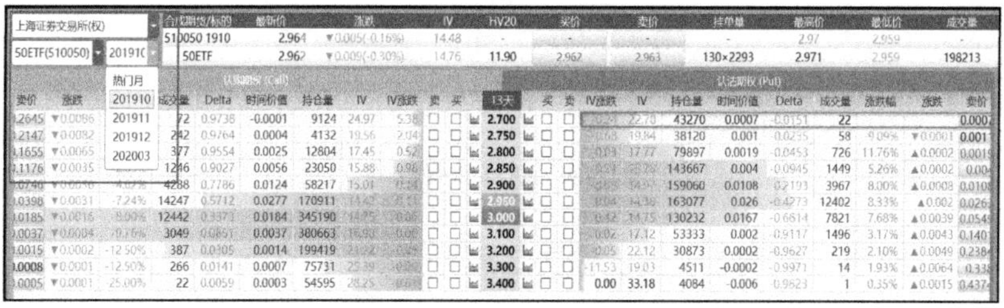

图 6-2　期权各种月份

（2）选好期权月份后，就会显示相对应的行情报价。如图 6-3 所示，方框内是标的物行情，也就是 50ETF 这只股票的行情信息，下方看起来很复杂的数字就是 10 月的 50ETF 期权行情信息，左边是认购期权（看涨期权），右边是认沽期权（看跌期权）。

图 6-3　期权标的物行情

（3）选择行权价。假设你认为 50ETF 价格要大涨，现在 50ETF 价格为 2.972 元，你想买认购期权，但有很多行权价可以选。如图6-4 所示，方框内是目前交易所场内提供的行权价合约，随着行情变动，会根据规则再加挂合约，可能出现各种行权价的合约，方框上面那个"13 天"数值，代表此 10 月期权距离到期还有 13 天。

图 6-4　期权的行权价

（4）确定权利金。假设你决定买平值期权，在目前行情下，选择2.95 认购期权，然后要了解买这个期权会花多少钱，也就是说，权利金是多少。如图 6-5 所示，方框内就是期权的权利金报价，我们以认购期权 2.95 为例，行情报价显示买价为 0.0436 元/手，最新价为 0.0436元/手，卖价为 0.0438 元/手，这个报价是权利金点数，要换算成实际人民币金额，得乘上合约数量，50ETF 期权是乘以 10 000，豆粕、白糖期权则是乘以 10，所以 0.0438×10 000=438 元，代表你买这个认购期权要花 438 元。

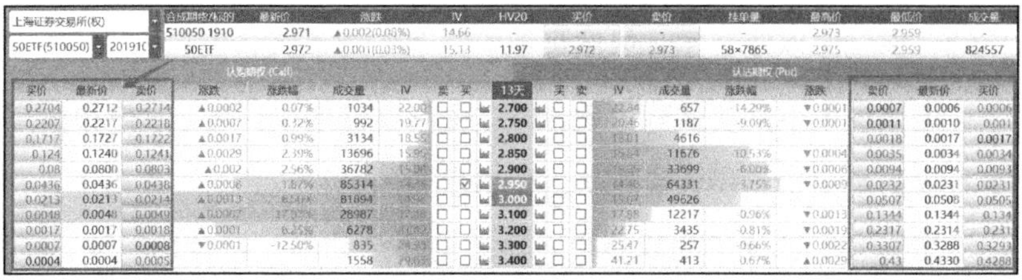

图6-5 权利金买卖报价

有买价、卖价，还有最新价，这对于新手而言，看了就头晕，别慌，下面来一一说明。就像买卖东西一样，期权买卖双方会有报价，双方价格一样就成交，不一样就继续等待。买价就是想买期权的人出的价格，这里是 436 元，卖价是想卖期权的人出的价格，这里是 438 元，如果买卖双方都不肯让步，那么价格就会卡在这里，没人成交。如果你比较心急买期权，可以报出 0.0437 元/手的买价，那么行情报价就会被更新，出现你的买价 0.0437 元/手。至于最新价，代表最新成交的一笔价格，图 6-5 中是 0.0436 元/手，表示最近一笔成交价是 0.0436 元/手，很明显可以看到，这跟买价是一样的，所以可以解读为市场当下的卖方比较急，卖期权的人愿意用比较低的价格立刻成交。

问题又来了，市场买价为 0.0436 元/手，如果我也挂价格为 0.0436 元/手的买单，为什么我却还没被成交呢？因为跟你一样出这个买价的人有很多，交易所的规则是价格优先，然后是时间优先，价格一样，就要看谁先发出这笔单到交易所，先发出的单优先被选到成交，后面的人发的单就要排队等待。

期权合约非常多，在某些比较不活跃的商品合约上（如图 6-6 所示）没有报价，这时候做市商就很重要了。你可以在咏春软件上，在买卖价的地方单击鼠标右键，然后单击询价，如此会对做市商发出需求，做市商会同时报出买价、卖价供你选择，如此商品合约就有了报价，你就可以成交了，虽然可能价差有一点点大，但总比没有好。

相信这本书从头读到这里，你应该能看懂期权行情了，但如果只懂看权利金报价，那太浪费从这本书学到的各种"武功"技巧了，我们还想看几个重要的期权参数，例如隐含波动率、持仓量、Delta、Theta、时间价值。在咏春软件的行情区域单击鼠标右键，如图 6-7 所示，单击鼠标左键选择栏位设定，就可以自由选择显现这些数值了，配合之前学到的理论知识，我们挑选几个参数来看看它们在实战上怎么用。

图 6-6 针对没有价格的合约发出询价

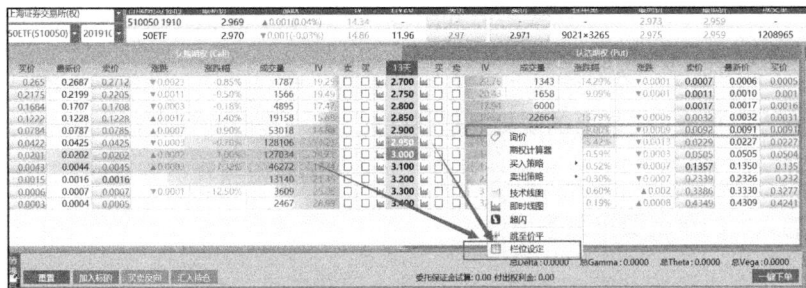

图 6-7 使用栏位设定来看需要的数值

隐含波动率（IV）

隐含波动率的英文是 Implied Volatility，简称为 IV，在咏春软件中就以 IV 代表隐含波动率。

从图 6-8 中，我们看到各合约有不同的隐含波动率。你可以用当日数据跟过去数据进行比较，判断当下的隐含波动率是否过高或过低，也可以利用隐含波动率涨跌的栏位（即今日 IV 与昨日收盘时 IV 的比较），看今天的隐含波动率涨跌多少，如此快速判断期权各行权价的供需程度。

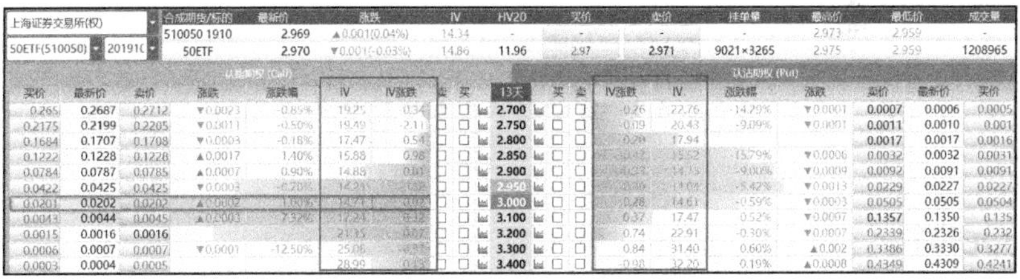

图 6-8　咏春软件上 IV 展示

持仓量

持仓量表示当前合约买卖双方拿在手上的量，每 1 笔代表买方、卖方同时各有 1 手，因为期权是买卖方同时开启的。某个行权价合约的持仓量大，就表示很多期权买方集中在那个行权价，也可以表示很多卖方集中在那个行权价。不过我们前面有讲过，持仓量通常会从卖方角度来解读，持仓量最大的地方，代表大资金卖方在那个价格有某种多空看法，该价格会是阻力点。

如图 6-9 所示，可以开启持仓量栏位来看持仓量。此外，你还会发现报价上有很多粉红色的条形块，那是咏春软件独有的背景柱状图，其默认代表持仓量。柱状越长代表数值越大，也就是那个行权价合约的持仓量越大，可以帮助投资者多一个维度快速看清目前的市场情况。你也可以将柱状图改成代表其他参数，如将方框里箭头指示的圆圈改选为时间价值、理论价等。

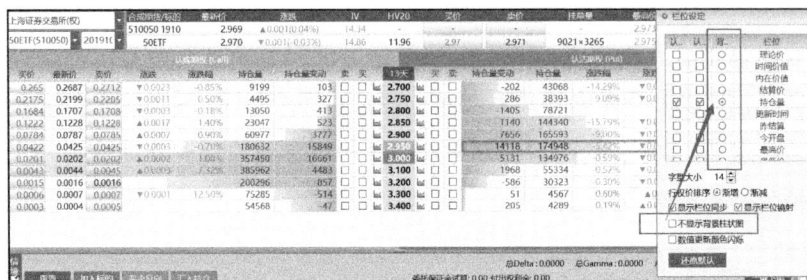

图 6-9　背景柱状图表示持仓量

Delta

相信看完前面的内容，你已经知道 Delta 代表期权合约跟标的商品涨跌的关系，Delta 值的范围从–1 到 1，能代表你部位的多空程度。

认购期权的 Delta 值全为正，认沽期权的 Delta 值全为负，平值期权的 Delta 值通常在 0.5 附近，随着越靠近到期日，虚值期权的 Delta 值会越趋近 0，实值期权的 Delta 值则趋近 1。借由各行权价上的 Delta 值，期权卖方投资者可以做出对合约选择的判断。Delta 也能代表合约到期后能否进入实值的概率，如果 Delta 值是 0.2，则代表此行权价合约在到期时变为实值合约的概率为 20%。

下单交易

选择完合约，接下来就得下单。如图 6-10 所示，我们同时选择买 3.0 认购期权和卖 3.1 认购期权，就是牛市价差策略。选完后确认图 6-10 中方框的"价格类别"和"手数"，再单击右下角的"一键下单"按钮。

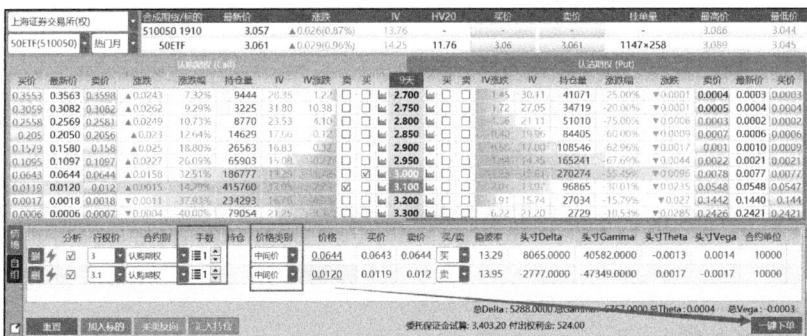

图 6-10　期权下单

在选择"价格类别"时，会出现下拉框，有很多选择，如图 6-11 所示。

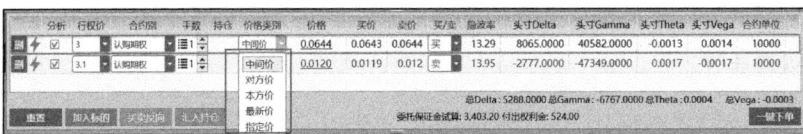

图 6-11　下单价格类别

（1）中间价：这是咏春软件在期权下单时的默认价格选项。期权合约比较多，不可能每个合约流动性都很大，因此有时候买卖价差会比较大。例如卖价为 100 元/手，买价为 50 元/手，此时无论你是想买还是想卖，价格看起来都不友善，如果你用中间价下单买期权，就会以（100+50）/2=75元/手的价格挂出限价买单，等待成交。

（2）对方价、本方价：我们从买方的角度来看，买方的对方价就是行情报价上的卖价，选择这个选项，通常是为了快速成交，俗称敲对手价。例如你做价差策略，某一边成交了，剩下的一边得赶紧成交，不然当初的价差设想就会偏离。本方价就是行情报价上的买价，选择这个选项，就是乖乖跟着市场最近的买价排队等待成交。卖方同理。

（3）指定价：就是指定一个价格下单，也就是常见的限价单，你可以设定任何想要的价格。

（4）最新价：顾名思义就是最新成交的一笔价格。

备兑开仓

前面我们介绍过备兑策略，只要不是遇到大牛市，它就能增强你的股票收益。我们知道备兑策略的组合是在持有标的商品多头情况下，搭配卖出认购期权，或者在标的商品空头情况下，搭配卖出认沽期权，如果使用备兑开仓的下单指令，卖出期权的部分就不需要支付保证金了。

这在实际操作上会烦琐一点。我们以50ETF多头为例，50ETF期权要做备兑开仓策略，每1手期权对应的是10 000股50ETF，如果你账户里的股数足够，就把它锁定起来（解锁也在同样的地方操作），如图6-12和图6-13所示。

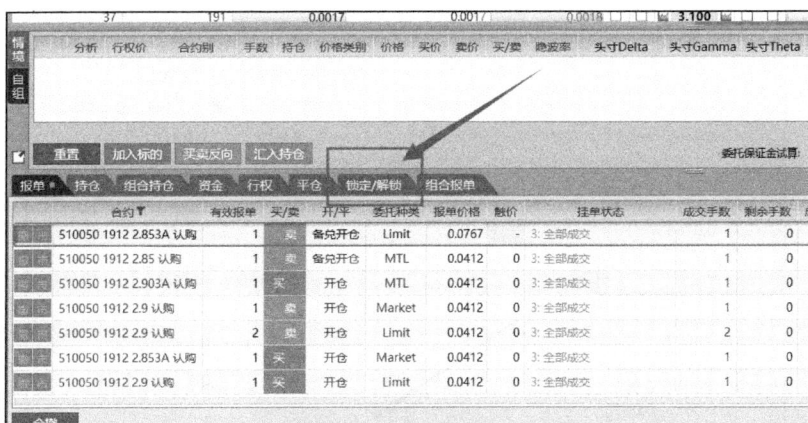

图 6-12 锁定/解锁

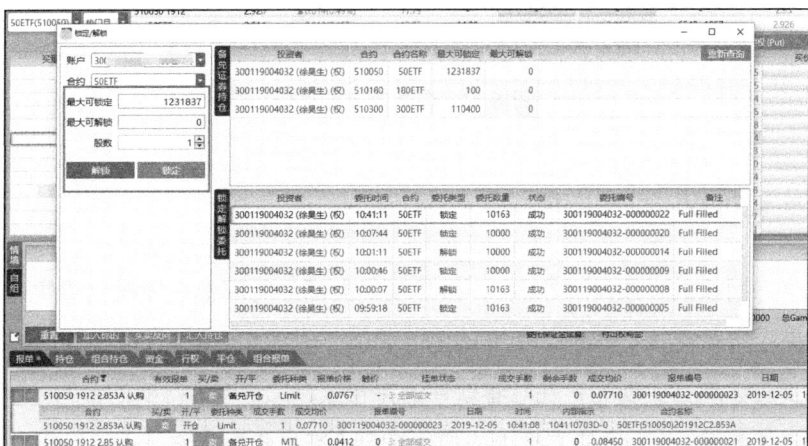

图 6-13 选择要锁定的股数

锁定 50ETF 后就可以做备兑开仓了。选择要卖的期权合约,单击行情买价或卖价,如图 6-14 所示,在"报单"下拉菜单中里选择备兑开仓,确定好权利金价格,最后单击"卖出"按钮,如此就完成备兑开仓策略了。

211

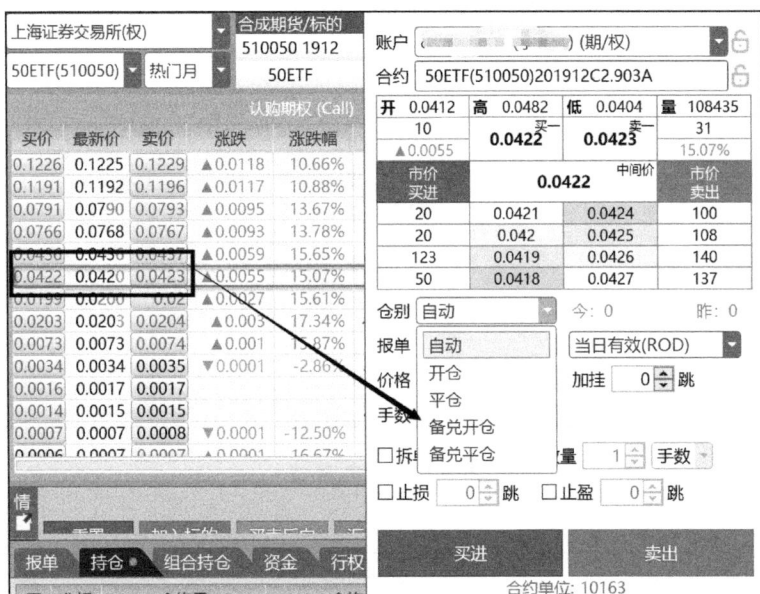

图 6-14 备兑开仓或平仓

实现行权

期权的本质是"权利"，虽然我们大部分时间都在做投机买卖，完全不需要执行权利，但在某些情况下，你可能会面临行权的需要，那应该怎么实现呢？在咏春软件的持仓里，找到想要行权的合约，单击如图 6-15 所示的方框里的加号按钮（减号代表卖方，不能行权），再单击"执行行权"按钮就可以了。如果到期要放弃行权，就单击"放弃行权"按钮。但有一个细节规则要注意，虚值的商品期货期权会被自动放弃行权，实值的商品期货期权会被自动执行行权，ETF 期权则都默认放弃行权，需要你主动提交。

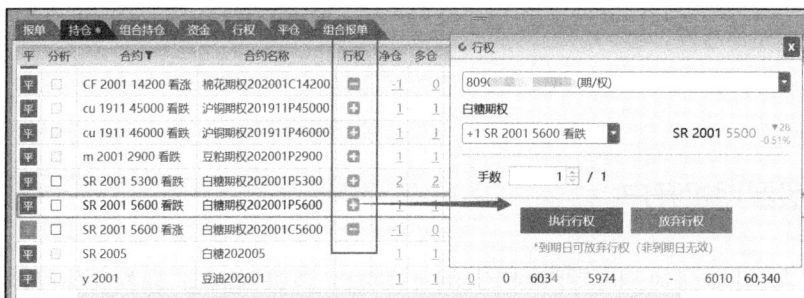

图 6-15　行权操作

还有一个规则要注意，就是行权与你交易的商品属于什么类型的期权有关。美式期权每天都可以行权，例如豆粕、白糖、棉花、铁矿石等，这些期权商品每天都可以提交行权，交易所会在盘后时段进行配对，认购期权买方会获得多头期货，认沽期权买方会获得空头期货（前提是你的账户资金足够，毕竟期货需要保证金，如果资金不够，就无法行权）。至于卖方，很多朋友都害怕突然被行权，别怕，即使卖方被提前行权，也是赚的，因为买方损失了大量时间价值。

50ETF、300ETF 期权是欧式期权，在到期最后一天才能选择行权，认购期权买方行权，能以行权价买到 50ETF 或 300ETF，认沽期权买方行权则能以行权价卖出 50ETF 或 300ETF。由于 ETF 买卖需要耗费比较多的资金，很多投资者最后会选择平仓，而不喜欢行权，因此在到期最后一天你可以好好观察，会出现时间价值为负的情况，可能有一些小利润可以收获。

如何开启实盘之路

说了这么多，可能你感觉自己已经有了丰富的知识，模拟盘也做得生龙活虎，迫切想投入实际战场，大展身手，下面带你一步步了解如何开户。

股票期权开户

目前国内股票期权只有 50ETF 期权、沪深 300ETF 期权，你可以找券商开户，也可以找期货商开户。你没看错，期货商也能开 50ETF 期权，国内有几十家期货商有经营 ETF 期权的资格。

在开期权账户之前，要先开好股票账户，要有交易个股满半年以上的经验，股票和期权是两个不同的账户，从没做过股票就想跳入期权坑的人，应该很少吧！

以下几个条件要按顺序完成。

（1）资金检查：在申请开通 50ETF 期权账户前 20 个交易日里，账户中的可用资产要不低于 50 万元。如果账户中有 100 万元，那就只要等 10 个交易日。如果有 1000 万元，只要等 1 个交易日。在做资金检查的期间，账户中的这些钱可以买国债逆回购，也算可用资产，且几乎无风险，还能获得一些小收益。

（2）仿真经验：交易所怕有的投资者太冲动，什么都不懂就冲进市场，于是规定投资者要做满一定笔数和天数的股票期权仿真交易（详细数字可以咨询具体的开户券商），才能开期权账户。

（3）杠杆经验：交易所怕有投资者太冲动，做空、杠杆都不懂就冲进市场，于是规定投资者要具备融资融券资格（也可以在开期权账户的当天一起开融资融券账户），或者有股指期货半年以上经验，才能开期权账户。

（4）期权知识：交易所怕有的投资者太冲动，认购、认沽都不懂就冲进市场，于是规定投资者要通过交易所规定的期权考试（满分为100分，及格分数为80分）。别慌，有题库可以学习，找开户的券商索取即可。

商品期货期权开户

目前国内期货期权只能找期货商开户，条件比股票期权开户容易一些，只是大多数投资者都没接触过期货，对这个市场比较陌生。

在开期货期权账户之前，要先开好期货账户，然后一样要完成一些交易所规定的条件才能开户。但是，如果你开过股指期货账户，或者开过50ETF期权账户，再或者近一年内有累计不少于50个交易日的国内期货交易经验，那下面这些条件都不需要，就可以直接开期货期权账户，这是2019年开始执行的新政策，大大降低了开户的麻烦程度。

如果上面说的那些资格你都不具备，只好再乖乖地符合以下条件，才能完成开户。

（1）资金检查：在申请开通期货期权账户前5个交易日里，账户中的可用资产不低于10万元。

（2）仿真经验：投资者要做满一定笔数和天数的商品期权仿真交易，还要做行权（详细数字可以咨询你熟悉的期货商）。

（3）期权知识：投资者要通过交易所规定的期权考试（满分为100分，及格分数为80分）。

保证金怎么收

我们知道期权卖方需要支付保证金，但新接触衍生品投资的朋友，对于这个制度非常陌生，甚至感到害怕，害怕爆仓、害怕负债。

交易所里有公式，由公式计算出期权保证金应该收多少，每个合约的保证金都不一样，且随着行情变动，保证金收取比例也会变动。假设行情走势对你不利，一旦账户里的资金不够了（此时账户风险度很高），券商/期货商会通知你追加保证金，俗称 Margin Call，如果你不管它，那么券商/期货商会视情况做强迫平仓，俗称砍仓。这是非常生动的名词，行情太猛烈，为断尾求生，直接砍仓。

具体需要保证金多少，可以直接参考期权软件上的显示。以 50ETF 期权为例，根据交易所的保证金计算公式，通常平值期权保证金要4000 多元，越往实值需要的保证金就越高，越往虚值需要的保证金就越低，远月合约保证金会比近月合约保证金高，且每家券商在交易所规定之上会再增加一定比例保证金，比例一般在 10%～30%。

在前面的章节，我们一再强调资金管理的重要性，有时候你看对了方向，但无法支撑到最后，因为中间的反向行情就把你打败了，但有一个例外，如果你有很多资金，就可以一直补钱进账户。

组合持仓怎么做

做价差策略的朋友，以前一定有一个困惑，价差策略的特性是损失有限，为何付出的保证金跟裸卖期权要求的一样？这不科学啊！因此，上海证券交易所终于在 2019 年 11 月推出了组合保证金制度，大幅提升了期权交易的资金使用效率。支持组合保证金的策略类别如图 6-16 所示，简单地说，买入型的价差策略不用再交保证金，就是说原本你手里的 5000 元可能只够开仓一组价差策略，而现在可以开到 20 手了；卖出型的价差策略，将保证金降低到只要买卖的行权价差额；双卖跨式策略的保证金也大幅降低，原本要交两边卖方保证金，现在只要交最大那边的保证金加上权利金即可。

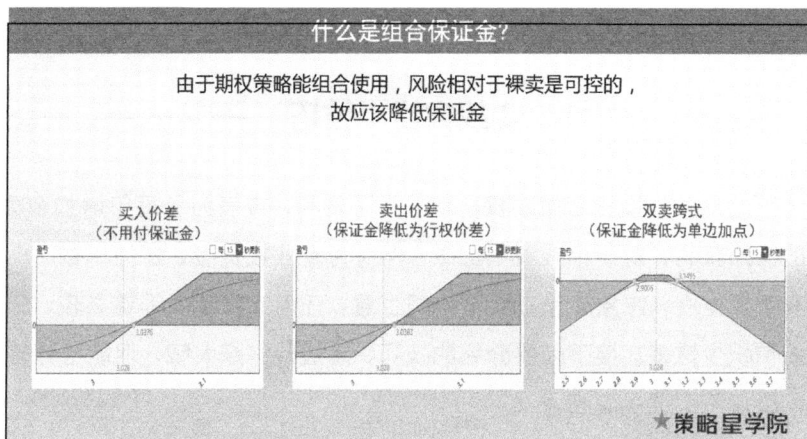

图 6-16　组合保证金分类

本书撰写于 2019 年年底，目前组合保证金的使用需要客户在软件里的持仓做操作。如图 6-17 所示，手动将原本分开的持仓做组合，例如将 50ETF 同月份的 3.0 认购期权买方和 3.1 认购期权卖方组合起来，形成牛市价差组合持仓，送出申请后，组合持仓立刻就能生效，释放你原本多交的保证金，但未来可能推出更方便、更灵活的组合保证金制度。

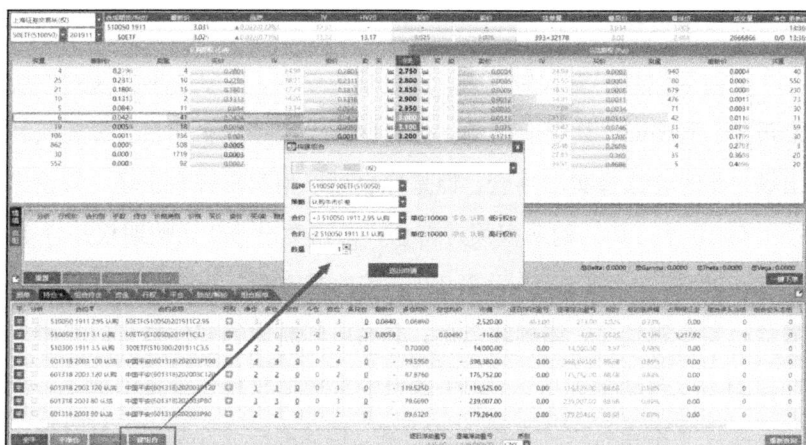

图 6-17　组合持仓的操作

<hr>

实战省钱小技巧

<hr>

或许某些投资者做期权，就是为了暴利，或者为了每年增加 20% 的额外获利，对于小钱看不上眼，但身为专业投资者，任何小钱、小利都要重视，想象这是在经营一门生意，任何支出都要锱铢必较，正所谓积少成多。接下来要介绍的技巧，无法帮你赚大钱，但能帮你省下很多不必要的花费。

0 手续费开仓

这个标题太夸张了吧，怎么可能 0 手续费开仓？交易所不收钱吗？你没看错，有一种交易真的不收任何手续费，那就是 50ETF 期权的卖方开仓，这或许是交易所为了平衡市场供需，鼓励投资者做卖方的优惠。

所以如果你做日内交易，看的周期很短，快进快出，那么你不一定要用买方开仓，也可以用卖方开仓再平仓的方式实现日内交易，能省下许多手续费。

但如果你并不喜欢做卖方，就是想买期权，似乎这种方法对你就没用了。别伤心，还是有用的。想象你手上买了很多期权，想要获利出场，此时会选择卖出平仓。但是你也可以用卖出开仓出场！假设你手上有 10 手 3.0 认购期权买方持仓，再用卖出 3.0 认购期权开仓 10 手，此时你的持仓变成 10 手买 3.0 认购的买方+10 手 3.0 认购的卖方，损益也完全锁住了。等到收盘后，交易所判断你的部位是可以互相对冲掉的，就自动帮你把这 10 手各自的买卖期权持仓给抵消掉了，如此就实现了不用付任何手续费的出场。但这有一个小坏处，就是卖出开仓需要保证金，故在当天会占用你的一些资金。

魔幻变身——合成标的

金融商品越来越多，我们如何知道它的定价是否合理、是否有套利空间？于是发展出一个原则，即金融商品通过复制来互相比较各自之间是否估值正确。

我们也不用搞得太复杂，你只要记住，期权跟标的物之间是可以互相复制转换的就行了，或者简单说，期权可以合成标的物。它们的变身魔法公式如下：

$$买认购期权 ＋ 卖认沽期权 ＝ 标的物多头$$

我们把合成多头的公式移动一下，就变成合成空头的公式，如下：

$$买认沽期权 ＋ 卖认购期权 ＝ 标的物空头$$

重点来了，这在实战上有什么用？你注意看图 6-18 和图 6-19 中的占用资金，在图 6-18 中合成多头里需要保证金 4000 多元。在图图 6-19 中合成空头需要 3000 多元保证金，我们大方一点，都算需要保证金 5000 元，那么请问，同样的标的物需要多少资金？

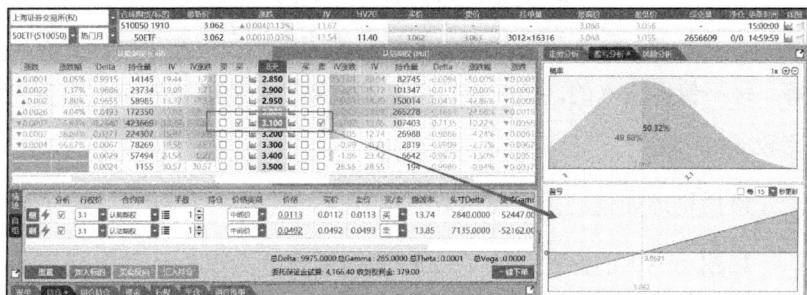

图 6-18　合成多头示意

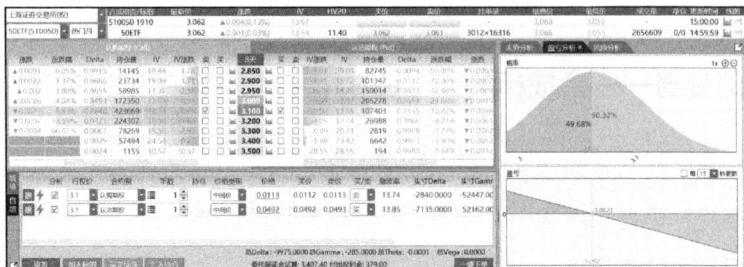

图 6-19 合成空头示意

图 6-19 中的 50ETF 价格为每股 3.062 元,期权合约大约为 10 000 股,那么 3.062×10 000=30 620 元,而合成标的多头只要 5000 元,两者的盈亏一模一样,那么你为何要多花钱?若使用合成多头省下的 20 000 多元,去买国债逆回购或理财基金,年化收益率还可以额外增强 2%~3%,何乐而不为?同样地,如果你想放空,有了期权,也不用做什么融券,直接合成空头,同样的盈亏效果,成本却比融券低很多。只不过目前股票期权只有 50ETF 和沪深 300ETF,对于持股花样百出的我们,使用时机有限。

既然可以合成标的,那么合成出来的标的价格是多少呢?如果你有火眼金睛,应该可以注意到在图 6-18 的盈亏分析图里,合成的多头的价格是 3.061 元/手,而标的 50ETF 价格是 3.062 元/手。两个价格很近,但不一样,如此就有套利机会,可以同时买低卖高,赚取这微薄的价差利润。在实际操作上,如果价差太低,考虑到手续费、滑点等,是不值得投入的。往往在行情剧烈波动时,能赚钱的套利机会才比较多。

最后讲述如何利用升贴水。

如图 6-20 的方框,除了 50ETF 的最新价 3.058 元/手,还有个 510050 1910 的最新价为 3.054 元/手。这是什么?竟然价格不一样。其实每个行权价都可以利用前面介绍的魔法公式做合成标的,合成出来的价格会有些差异，而 510050 1910 指的是 2019 年 10 月平值期权的合成标的价格，看起来比 50ETF 股票价格低，这就是贴水。贴水最终会回归，如此就可以再赚点小钱。

图 6-20　比较期权合成升贴水

除了合成多头，你也可以买实值期权来代替买 50ETF 股票（因为实值期权 Delta 在接近 1），如此也能省下很多资金成本。如图 6-21 所示，你买 2.8 实值期权只要 2000 多元，就能获得跟买 10 000 股 50ETF 一样的效果，而当时买 10 000 股 50ETF 需要花费约 3 万元，两者的资金使用量相差很多。你还可以观察它是否有升贴水能利用，如图 6-21 所示的 2.8 实值认购期权相当于 3.057 元/手的 50ETF，而实际 50ETF 股票最新价是 3.059 元/手，因此是有贴水可以赚到的，在某些特殊情况下，这种贴水可能还会很大。

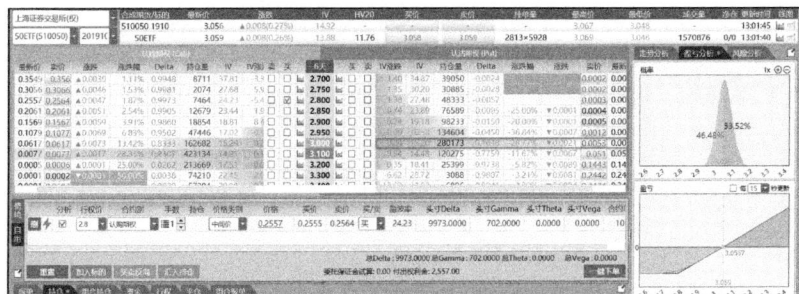

图 6-21　买实值期权代替股票现货

结　语

　　本书以非常贴近实战操作的情况做讲解，建议读者首先熟读本书，做一些模拟和大脑练习，然后直接上实盘操作，可以从小资金开始，从买期权开始，再慢慢过渡到价差，最后进化到敢做卖期权，如此进步才快。不要着迷于赚钱策略，每个策略都有它适合的情境，重点是你熟悉它，懂得随机应变，这样离稳定获利就不远了。加油！我们一起在期权之路上前进！

反侵权盗版声明

电子工业出版社依法对本作品享有专有出版权。任何未经权利人书面许可，复制、销售或通过信息网络传播本作品的行为；歪曲、篡改、剽窃本作品的行为，均违反《中华人民共和国著作权法》，其行为人应承担相应的民事责任和行政责任，构成犯罪的，将被依法追究刑事责任。

为了维护市场秩序，保护权利人的合法权益，我社将依法查处和打击侵权盗版的单位和个人。欢迎社会各界人士积极举报侵权盗版行为，本社将奖励举报有功人员，并保证举报人的信息不被泄露。

举报电话：(010)88254396；(010)88258888

传　　真：(010)88254397

E－mail：dbqq@phei.com.cn

通信地址：北京市万寿路173信箱

　　　　　电子工业出版社总编办公室

邮　　编：100036